書下ろし

名古屋「駅名」の謎

—「中部」から日本史が見えてくる—

谷川彰英

祥伝社黄金文庫

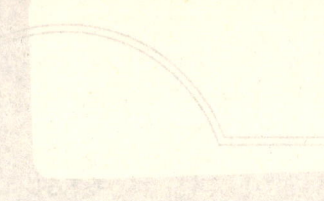

まえがき

このところ「半分名古屋《なごや》人になってるな！」と思うことが時々ある。東京から名古屋に向かう新幹線の中でＳｕｉｃａをｍａｎａｃａに持ち替え、帰りにはｍａｎａｃａをＳｕｉｃａに替える。そんな旅が楽しかった。

二年前取材を始めたころは、名古屋についてのまともな知識はほとんどなかった。しかし、多い時期には週の半分は名古屋に滞在して取材を続け、名古屋について多くのことを学ばせていただいた。

大学を退職して物書きの生活にとっぷりつかるようになって、初めて多くのことを学ぶ体験をしていることに気づいた。名古屋の歴史をひもとき、名古屋の町を歩き、名古屋の人の話を聞くことによって、たぶん私の生涯の中でいちばん学んだのがこの二年間であった。

昨年出した『名古屋 地名の由来を歩く』（ベスト新書）がお陰様で多くの読者に恵まれ、今度は「駅名の謎」シリーズでまとめることになった。「地名の由来を歩く」はこれまで「京都」「東京・江戸」「奈良」「名古屋」とつながって名古屋は四冊目。

「駅名の謎」シリーズは「大阪」「京都奈良」「東京」と続き、本書が四冊目となった。期せずして双方とも名古屋が四番バッターの位置にすわることになった。

このシリーズは「地名の由来」と「駅名の謎」と角度は異なっているが、いずれもその町の歴史と風土を探るという点では共通している。

『名古屋 地名の由来を歩く』では名古屋を軸にして尾張《おわり》国の範囲でその地名の由来を解き明かすことにした。本書は「名古屋」といいながら、実は名古屋市内の駅名とともに名古屋鉄道沿線にまで範囲を広げている。一部は美濃《みの》にまで視野を広げている。それはあくまでも「名古屋鉄道」という名古屋の誇る鉄道のエリアを網羅したいと考えたからである。

一部前著と重なってくる内容もあるが、それぞれ独立した本として書いた結果なのでご理解いただきたい。ただし、言うまでもないことだが、前著も併せて読んでいただいた方がよりよく名古屋のこと、愛知県のことが理解されることは間違いない。

今年になって『地名に隠された「東京津波」』（講談社＋α新書）を出したところ、特に東京を中心に大きな反響を呼んだ。内閣府の有識者会議がまとめた南海トラフの巨大地震による津波被害の想定は特に太平洋岸の町々に大きな不安と危惧《きぐ》を与えている。実は名古屋もその例外ではない。「東京津波」の続編として「南海津波」もまとめることになっており、名古屋への取材はまだまだ続くことになる。

この間名古屋の多くの方々と親しくさせていただいてきた。栄中日文化センターで講座を持つことになったことも大きい出来事だった。

今回の本は七、八割方が名古屋鉄道の駅名の記述である。名古屋の方々にとっては「名鉄」はそれほどに身近で親しみを持っていると考えたからである。偶然に名鉄OBの梅村雄彦氏（前常務取締役）にお会いし、氏を通じて名鉄の多くの方々にご教示賜った。いわば本書は名鉄とのコラボレーションの結果生まれた作品なのである。

その他にも多くの名古屋の皆さんにお世話になった。そして今回も編集の労をとっていただいた祥伝社黄金文庫編集長の吉田浩行氏に感謝の言葉を述べたい。

二〇一二年　盛夏

谷川彰英《たにかわあきひで》

目次

第三章　名古屋鉄道　本線めぐり

第四章 名古屋鉄道 知多・東部方面

第五章　名古屋鉄道　北部・西部方面

図版制作／ J-ART

破線枠内拡大図

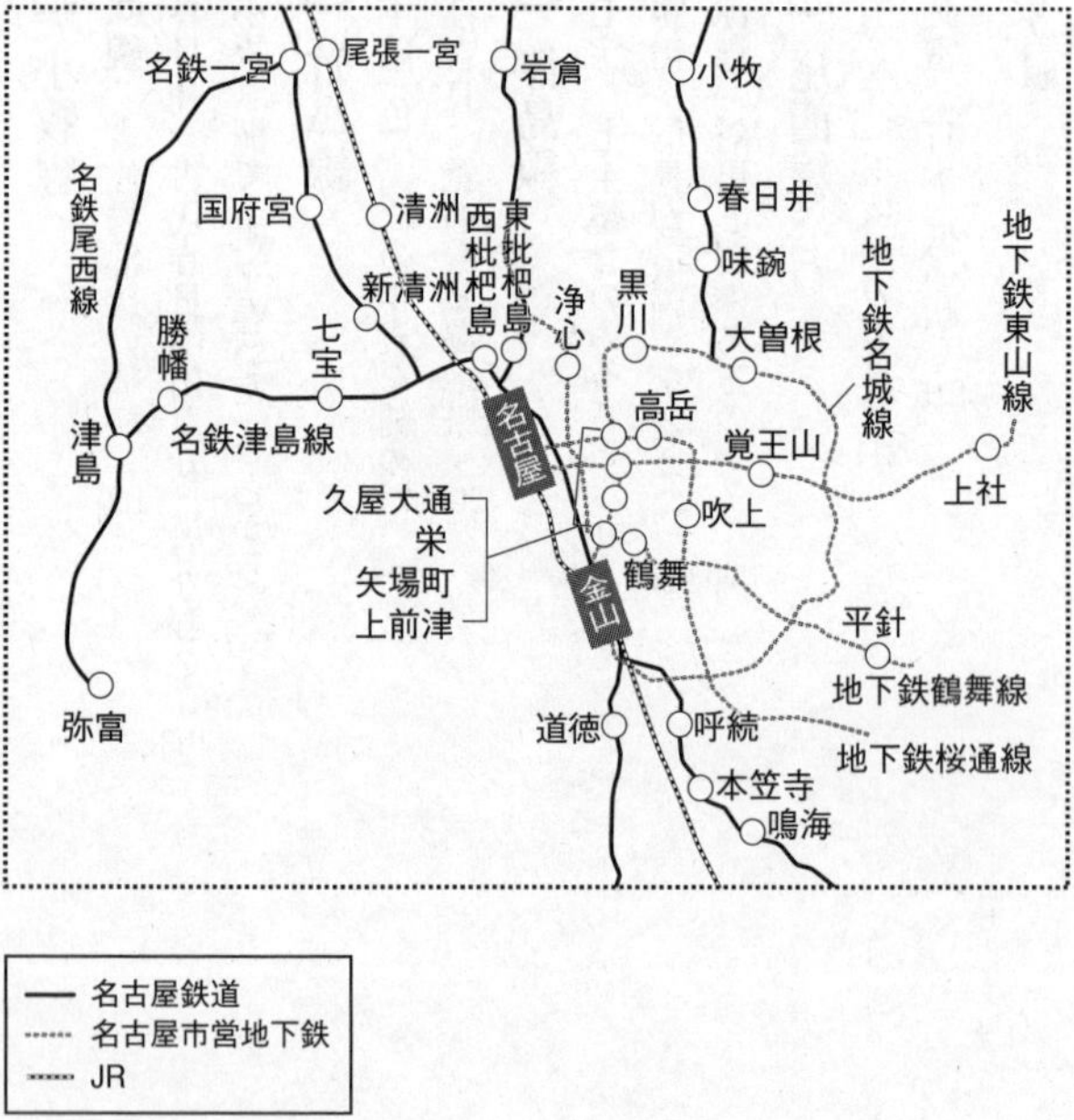
名鉄一宮
尾張一宮
岩倉
小牧
名鉄尾西線
国府宮
清洲
西枇杷島
東枇杷島
春日井
味鋺
地下鉄名城線
地下鉄東山線
新清洲
浄心
黒川
大曽根
勝幡
七宝
名古屋
高岳
津島
名鉄津島線
覚王山
上社
久屋大通
栄
矢場町
上前津
吹上
鶴舞
金山
平針
地下鉄鶴舞線
弥富
道徳
呼続
地下鉄桜通線
本笠寺
鳴海
名古屋鉄道
名古屋市営地下鉄
JR

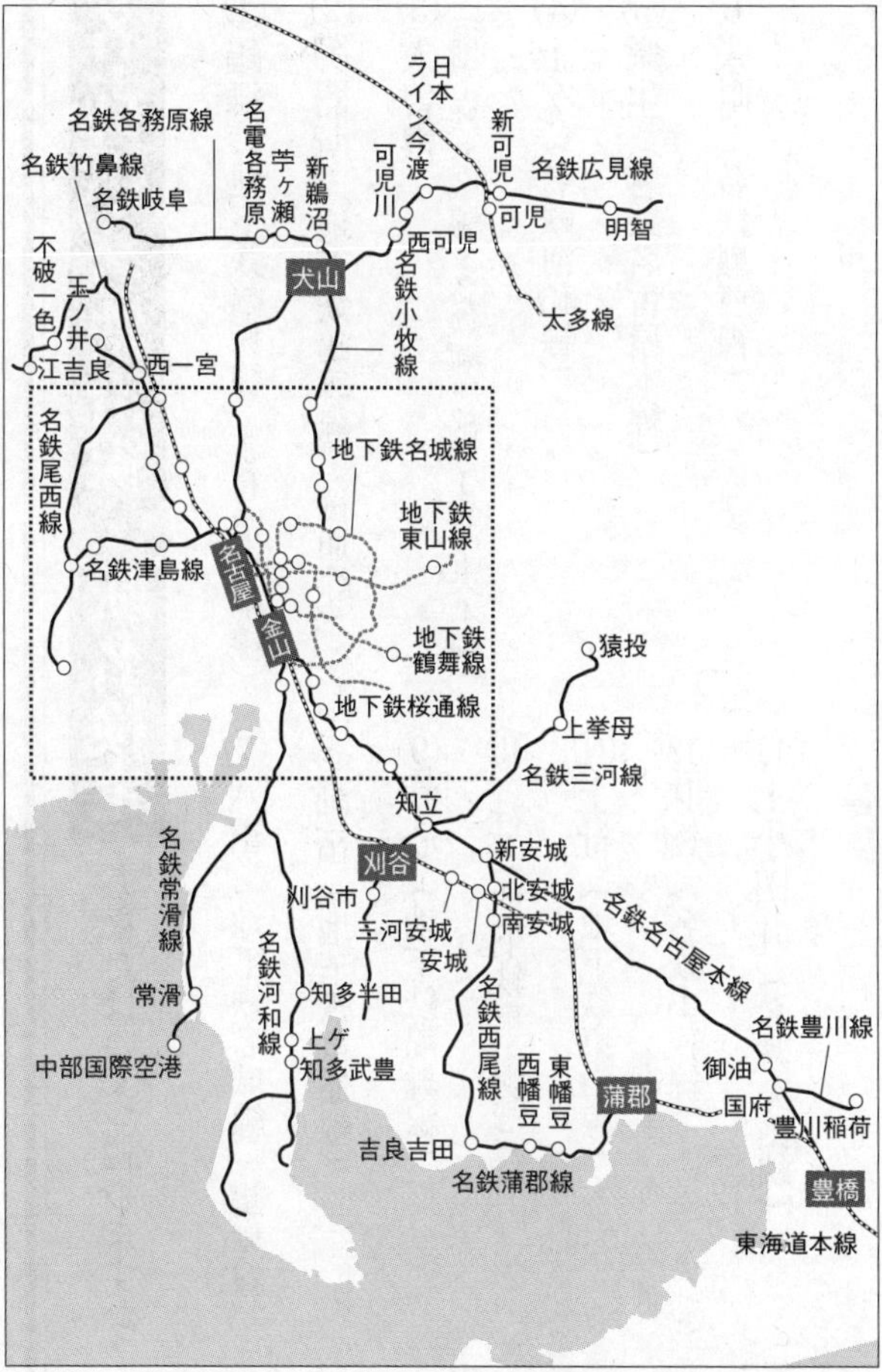
名鉄各務原線
名鉄竹鼻線
名鉄岐阜
名電各務原
苧ヶ瀬
新鵜沼
可児川
日本ライン今渡
新可児
可児
名鉄広見線
明智
西可児
犬山
名鉄小牧線
太多線
不破一色
玉ノ井
江吉良
西一宮
名鉄尾西線
地下鉄名城線
地下鉄東山線
名鉄津島線
名古屋
金山
地下鉄鶴舞線
猿投
地下鉄桜通線
上挙母
名鉄三河線
知立
新安城
刈谷
北安城
南安城
名鉄名古屋本線
刈谷市
三河安城
安城
名鉄常滑線
常滑
中部国際空港
名鉄河和線
知多半田
上ゲ
知多武豊
名鉄西尾線
西幡豆
東幡豆
蒲郡
名鉄豊川線
御油
国府
豊川稲荷
吉良吉田
名鉄蒲郡線
豊橋
東海道本線

名古屋・名鉄沿線　駅名検定

あなたはいくつ読めますか？

①鶴舞（地下鉄鶴舞線・JR中央本線）
②御器所（地下鉄鶴舞線・桜通線）
③大曽根（地下鉄名城線・名鉄瀬戸線・JR中央本線）
④上ゲ（名鉄河和線）
⑤栄生（名鉄名古屋本線）
⑥栄町（名鉄瀬戸線）
⑦八事（地下鉄名城線・鶴舞線）
⑧高岳（地下鉄桜通線）
⑨浄心（地下鉄鶴舞線）
⑩一社（地下鉄東山線）
⑪上社（地下鉄東山線）
⑫味鋺（名鉄小牧線）
⑬上小田井（名鉄犬山線）

⑭呼続（名鉄名古屋本線）
⑮本笠寺（名鉄名古屋本線）
⑯鳴海（名鉄名古屋本線）
⑰前後（名鉄名古屋本線）
⑱知立（名鉄名古屋本線・三河線）
⑲御油（名鉄名古屋本線）
⑳苧ヶ瀬（名鉄各務原線）
㉑国府（名鉄名古屋本線）
㉒猿投（名鉄三河線）

㉓上挙母（名鉄三河線）
㉔阿久比（名鉄河和線）
㉕河和（名鉄河和線）
㉖新可児（名鉄広見線）
㉗御嵩（名鉄広見線）
㉘手力（名鉄各務原線）
㉙不破一色（名鉄竹鼻線）
㉚江吉良（名鉄羽島線・竹鼻線）

名古屋・名鉄沿線　駅名検定 正解

①つるまい（30ページ）
②ごきそ
③おおぞね（33ページ）
④あげ（146ページ）
⑤さこう（23ページ）
⑥さかえまち
⑦やごと
⑧たかおか（56ページ）
⑨じょうしん（43ページ）
⑩いっしゃ
⑪かみやしろ（39ページ）
⑫あじま（190ページ）
⑬かみおたい
⑭よびつぎ（62ページ）

⑮もとかさでら（64ページ）
⑯なるみ（67ページ）
⑰ぜんご（69ページ）
⑱ちりゅう（74ページ）
⑲ごゆ（77ページ）
⑳おがせ（182ページ）
㉑こう（82ページ）
㉒さなげ（112ページ）
㉓うわごろも（116ページ）
㉔あぐい
㉕こうわ
㉖しんかに（170ページ）
㉗みたけ
㉘てぢから（178ページ）
㉙ふわいしき（199ページ）
㉚えぎら（201ページ）

あなたは何級？

正解数27～30　名古屋・名鉄駅名検定超1級

あなたはひょっとして鉄道関係にお勤めですか？　それとも相当の鉄道マニア？　それにしてもすごいです！　わからなかった駅はこの本で確かめてみましょう。

正解数20～26　名古屋・名鉄駅名検定1級

おめでとうございます！　難しいといわれる名古屋・名鉄沿線でこれだけ解ければ立派です。電車に乗るのが好きですね。友人や家族に大いに自慢していいでしょう。

正解数10～19　名古屋・名鉄駅名検定2級

ちょうど半分くらいの正解ですね。ふだん、あまり地下鉄や名鉄を利用していない方には難しいかもしれませんね。一度、本書を持って鉄道の旅をしてみましょう。あっというまにマスターしてしまうはずです。

正解数0～9　名古屋・名鉄駅名検定3級

がっかりすることはありません。本書を読めば1日で超1級になれますよ。そうすればビジネスも人間関係もばっちりです！　頑張ってください。

第一章

名古屋のキーステーション

1 名古屋（なごや） 名古屋はやはり「根古屋」から

JR東海道本線（新幹線）「名古屋駅」 あおなみ線「名古屋駅」
名古屋鉄道「名鉄名古屋駅」 近畿日本鉄道「近鉄名古屋駅」
市営地下鉄東山線・桜通線「名古屋駅」

名古屋とのお付き合いも長くなった。昨年出した『名古屋 地名の由来を歩く』（ベスト新書）を読んで地元の方がかけつけてくれた。どうやら、私の本に誤りがあったらしいのだ。

「先生、この先にある『那古野神社』ですが、先生の本では『なごや』としていますが、地元では『なごの』つまり『なごの神社』と呼んでいます。きっと間違いだと思って調べてきました」

私は「その那古野神社は、地元では皆がそう呼んでるんですか？」と聞いてみた。

「そうです、皆『なごの神社』と呼んでいます」

私たちがこんな会話をしたのは、長者町《ちようじや》繊維街の「わさび」という店で、その那古野神社は歩いてもすぐの距離にある。店の中にも「那古野神社」のお札が飾ってある。まさに地元での話なのだ。

そこで、私は「那古野神社」はあくまで「なごや神社」であって、「なごの神社」ではないと力説した。すると、「そこで、私たちは那古野神社に行って聞いてきました」と言う。

「それでどうでした」と問うと、宮司さんに直接話を聞いてみたところ、こんな話だったという。

「私どもの神社は正式には『なごや神社』で、意識的に『なごの神社』と申し上げたことはありません」

つまり、世間では「なごの神社」と呼ばれているが、正確には「なごや神社」なのだというのである。私は事前に直接那古野神社で話を聞いてから書いているので、結果的には私の本が正しかったことになる。

後で聞いた話では、「わさび」のご主人が私の本を読んで、これは間違っているのではと思い、その方に話したところ、すぐさまその方が確認に行ってくれたのだとい

う。ありがたい話である。このような方々の協力があって私の本が出来上がっている
のだということを痛感させられた一瞬であった。言うまでもなく、その後は名古屋談
義で大いに盛り上がった。

この那古野神社はもともと今の名古屋城二の丸にあったのだが、明治に入って今の
場所（丸の内二丁目）に移転された。言うまでもなく、今の名古屋城二の丸にあった
とされる「那古野城」の近くにあったものだ。

「名古屋」の由来については従来二つの説があった。一つは「名子屋《なごや》」説であるが
「名子」というのは中世、領主のもとで住居・耕地などを借りて労役を提供し、江戸
時代になって本百姓になった人々を意味している。その「名子」の家屋を指している
というのが「名子屋」説である。

二つ目の説は「根古屋《ねごや》」説である。「根古屋」は「根小屋」とも表記されるが、中
世における武士の「館」を意味している。私の結論は「根古屋」に由来するというも
のだが、その背景にはこの地には多くの武将が割拠していたという事実がある。

調べれば調べるほど、尾張国一帯には「根古屋」が多い。特に名古屋市内ではちょ
っと小高い山はほとんど「根古屋」になっていて、様々な武将たちが居城していた。

つまり、市内のちょっとした丘・山には戦国武将が多く居城しており、これほどの分布は全国的に見てもきわめてまれである。むしろ異常なほどの多さである。那古野城があった場所もその一つで、そう高くはない場所に館を築いたのであった。

「那古野」という地名が「名古屋」に移行したのは家康《いえやす》の「清洲越《きよすご》し」（一六一〇年）以降のこととされ、「名古屋」という地名が行政地名として正式に成立したのは明治になってからである。

2　栄（さかえ）「栄生《さこう》」との関連は？

市営地下鉄東山線・名城線「栄駅」　名古屋鉄道瀬戸線「栄町駅」

いわずと知れた名古屋の「顔」である。「栄町《さかえまち》」というと、ずっと昔から名古屋の繁華街として全国にその名を知られたものだが、昨今は名古屋の繁華街は「錦《にしき》」に移っている。「錦三丁目」通称「錦三」というのが、今の名古屋の代表的な繁華街ということになっている。

実はこの「栄」は名鉄線の「栄生駅」と関連している。『名古屋まる知り新事典』によると、明暦《めいれき》年間（一六五五〜五八）頃から、「栄村《さこむら》」（今の栄生町《さこちょう》）から出店を出して商売する者があり、「栄町」を称《とな》えることになったという。

この記述が正しいとすると、「栄」のルーツは「栄生」にあったことになる。「栄生」は今は名古屋市になっているが、当時は愛知郡中村郷の内であった。秀吉《ひでよし》や加藤《かとう》清正《きよまさ》が生まれた中村とほぼ同じエリアということになる。

当時は「栄村《さこ》」であった。「栄」は「迫」「佐古」あるいは「瀬古」なども書かれ、「狭い」という意味である。特に地形的に小高い土地と土地に挟まれた狭い谷のようなところを「サコ」というのが地名の世界の常識である。

栄村の人々が出店を出して商売繁盛を願って「栄《さかえ》」と呼ぶようになったとすれば、これはこれでおめでたい地名ということになる。

一方、「栄《さかえ》」が有名になることによって、紛らわしくなり、「栄村《さこ》」の方は「生」をつけて「栄生」とした。初めはこれで「さこ」と読んでいたのだが、いつのまにか「サコオ」と伸ばして発音するようになった。本来は「サコオ」だが、「栄生駅」は「さこう」とルビがふられている。

行政的に「栄町《さかえまち》」が成立したのは明治四年（一八七一）のことである。それ以降「栄町」は繁華街の名をほしいままにしていたのだが、戦後になって昭和四一年（一九六六）「栄」に改称された。その時点で「栄町」は歴史上から姿を消してしまった。考えてみれば惜しい話である。同じ「栄」を使った繁華街に千葉市の「栄町」がある。こちらは「さかえちょう」である。対する名古屋は「さかえまち」であった。単純なようだが、こんな違いも地域の個性を示す上での一つのポイントになっている。ところが、昭和五三年（一九七八）名鉄瀬戸線が栄に直結するようになった際できた駅名は「栄町駅」であった。これは「栄町」の復活としてちょっとした話題を呼んだ。

またこの栄一帯は昔から「広小路」とも呼ばれてきた。万治《まんじ》三年（一六六〇）名古屋を大火が襲い、名古屋の町を焼きつくした（万治の大火）。その結果、道路を三間（五・四メートル）から一五間（二七メートル）に広げて「広小路」と名づけたのがその起源である。江戸の「上野広小路」「両国広小路」などと並んで、歴史に名を残す「広小路」となっている。

3 久屋大通（ひさやおおどおり）「干物町」からの転身

市営地下鉄東山線・桜通線「久屋大通駅」

これも名古屋が日本、いや世界に誇っていい大通りである。私も世界の大都市を歩いているが、これほどの道路は目にしたことがない。

この「久屋」だが、ここには面白いエピソードが残されている。『角川日本地名大辞典 愛知県』にはこのように記してある。

「江戸期～現在の町名。江戸期は名古屋城下の1町。町人町の1つ。（中略）慶長年間清須から移って来た清須越の町、干物を商う家が多いことからはじめ干物町と称した。初代尾張藩主徳川義直が通行の際、町名を聞き、末長く繁盛すべき所として久屋町と命名、これに従って町名を改称した」

これとほぼ同じことがどの書物にも書かれている。藩主が町名を改称することはよくあることで、それだけ藩主の思いや願いが強かったということであろう。江戸に「深川《ふかがわ》」という下町の名所があるが、ここは家康によって命名されたといわれる。こ

パリのシャンゼリゼ通りと友好提携している

の地を埋め立てて開拓したのは深川八郎右衛門という人物だったが、家康が視察に来てその土地の名前を聞いたとき、「まだ埋め立てたばかりで、名はありません」と答えたところ、「然らば汝が苗字を以て村名となし、起立せよ」と言って「深川」という名前が決まったのだという。

それと同じようなことがこの名古屋であったと考えられる。「干物町」では粋ではないと考え、末永く「屋が保つ」ようにと「久屋町」と名づけたのである。そんな初代藩主を思い起こしてこの繁華街を歩いてみたいものだ。

4 金山（かなやま） 金属の神様が宿る

ＪＲ中央本線・東海道本線「金山駅」 名鉄名古屋本線「金山駅」
市営地下鉄名城線・名港線「金山駅」

金山は名古屋の南の拠点駅である。ＪＲ線と名鉄線に加えて地下鉄名城線も入っており、いつ行っても活気に満ちた町である。

駅のすぐ南のビルの陰に金山神社があり、この神社名から「金山」という町名・駅名が生まれた。御祭神は「金山彦命《かなやまひこのみこと》」と「金山比売命《かなやまひめのみこと》」の二柱が中心であり、あくまで金属の神様である。

本書の冒頭で紹介している「那古野神社」にも金属の神様が勧請されており、この尾張は金属の神様に縁があるのか——という思いで前著は執筆した。

ところが、さらに本書を書き進めるに従って、さらにこの尾張・美濃一帯は大変な金属の神様の集合地であることがわかってきた。

いちばんの収穫は「各務原」の謎を解くために「村国《むらくに》真墨田《ますみた》神社」を訪れたことである。「各務原」の起源は「鏡作部」であったことは知っていたが、この神社が美濃国一宮の「南宮《なんぐう》大社」の「金山彦命」と尾張国一宮の「真清田《ますみだ》神社」の「天火明《あめのほのあかりの》命《みこと》」を合祀して創建されたという事実は知らなかった。

そこで、わかったのは美濃国一宮の御祭神が「金山彦命」であることであった。一国の一宮の御祭神が「金山彦命」であったとすると、このあたり一帯は金属の神様の勢力地であったことになる。これまでは何となく「金山」地区が金属の神様ではないかという思いだけだったのだが、実はそうではなく、美濃国・尾張国一帯が金属の神様だったのではないかという推測ができるようになった。

そうすると、その昔日本武尊《やまとたけるのみこと》が伊吹《いぶき》山に乱を治めに行き、そこで金属（水銀）のために足を壊して退散したという伝承にもつながってくる。ますますこの地の歴史は深く謎めいてくる。

5 鶴舞（つるまい）「つるまい」と「つるま」

JR中央本線「鶴舞駅」 市営地下鉄鶴舞線「鶴舞駅」

急ぎの用事で鶴舞公園の中にある図書館にタクシーで向かった。運転手さんに「ツルマ公園の中にあるツルマ中央図書館にお願いします」と言うと、「ツルマイ公園の図書館ですね」と確かめられた。その運転手さんの頭には「鶴舞公園」は「つるま公園」ではなくて、「つるまい公園」でインプットされているようなのだ。

でもこれが名古屋市民の一般的な感覚なのだろう。「つるまい」か「つるま」か名古屋人の中でも混乱が生じているのだが、何せ地下鉄の路線名が「鶴舞線《つるまい》」で、駅名

噴水塔は鶴舞公園のシンボル

春には花見で盛り上がる

も地下鉄・JR線とも「鶴舞《つるまい》」なのだから、どうしても「鶴舞《つるまい》」になってしまう。
真実は「鶴舞《つるまい》駅」を降りて目の前にあるのは「鶴舞《つるま》公園」で、公園内にある図書館名は「鶴舞《つるま》中央図書館」である。近くにある小学校も「鶴舞《つるま》小学校」という。

この混乱は明治三八年（一九〇五）、この地に流れていた精進川の改修工事によって生じた土砂を埋めて公園をつくることに始まった。ここに公園をつくることになったのは、明治四三年（一九一〇）に名古屋で開催されることになった第一〇回関西府県連合共進会の会場となったからである。今も鶴舞公園の中央に残されている噴水塔はそのときの名残である。

さてその公園名をつけるに当たって候補になったのが、地元にあった「ツルマ」という字名であった。そしてその「ツルマ」に「鶴舞」という漢字を当てた。
「ツル」という地名は典型的な地形を表すもので、「水の流れるところ」を指している。人名でも「水流さん」「都留さん」という方がいるが、いずれも水にちなんだ地名に発している。

ほぼ同時につくられた町名は、しかし「鶴舞」として「つるまい」と読ませることにした。ここに混乱が生じた。市の広報で正式に「鶴舞《つるま》公園」として流したことにより、公園名は正確にはやはり「つるま」なのである。

しかし、「鶴舞」という漢字そのものは、やはり「つるまい」と読んでしまうことになり、現在は「つるまい」が市民の間でも一般化しているということになる。

いずれにしても、鶴舞が「鶴が舞う」ところだと考えるのは誤りである。全国的に見ても「鶴」がつく地名は多いが、そのほとんどは「水が流れる」意味での「ツル」に由来すると考えていい。

6 大曽根（おおぞね）東の玄関口の意味は？

JR中央本線「大曽根駅」　名古屋鉄道「大曽根駅」
市営地下鉄名城線「大曽根駅」

金山が名古屋の南の玄関口とすれば、大曽根は東の玄関口と言っていいだろう。昔から名古屋から中山道につながる下街道（勝川街道）と瀬戸に通じる瀬戸街道の分岐点に当たり、幕藩時代においても重要な拠点であった。

ここに中央西線の「大曽根駅」ができたのは明治四四年（一九一一）のことだが、名鉄の大曽根駅はそれに先立つこと五年前の明治三九年（一九〇六）に瀬戸自動鉄道の駅として開業している。さらに市営地下鉄の「大曽根駅」が開業したのは昭和四六年（一九七一）のことで、現在でも交通上の要地であることには変わりない。

ただし、昭和五三年（一九七八）三月に瀬戸線が都心部の「栄町駅」まで直結したことによって、乗客の利用率が減り、町としての活気が失われたという声も聞く。

「大曽根」という地名の由来として、一般に流布しているのは『尾張国地名考』の次の説である。

「曽根と呼地名國々に多かる何れも城下市場など一里の後乾良等の隅なる地をいふを見れば脊根の義にて根は根本などいふに等しく一里に近付たるよし也」

要は、全国に多く見られる地名だが、城下市場から一里離れた地点につけられているのを考えると、脊根の意味で、根は根本の意味であと一里で町に入るといわれている、ということである。この説は地元ではほとんどその意味で受け入れられているが、全国的にこの説がまかり通るかといえば疑問である。

この説ではいきなり「一里」が出てくるのだが、これはいかにも唐突である。「ソネ」という言葉は古語辞典によれば「确」「埆」と書き、「石が多くて堅いやせ地」を指している。「一里」を入れたのは名古屋の地域を特に考慮してそうしたのであって、ここはやはり「石が多くて堅いやせ地」だったのではないか。

「大曽根さん」もいるかもしれないが、「中曽根さん」はかつての総理大臣として今なお健在である。

7 上前津（かみまえづ）　このあたりまで海だった！

市営地下鉄名城線・鶴舞線「上前津駅」

上前津駅も地下鉄線では存在感のある駅である。とにかく地下鉄鶴舞線と名城線の交差点に位置し、近くには大須《おおす》観音や大須商店街が控え、東京の浅草界隈《あさくさかいわい》に似たイメージの町である。

現在は「上前津一・二丁目」という町名だが、これは住居表示に関する法律で改称されたもので、それ以前は「上前津町」であった。上前津町を中心に春日《かすが》町・飴屋《あめや》町・裏門前町《うらもんぜんちょう》・門前町《もんぜんちょう》など八町が合併されて「上前津」が成立した。

「前津」とは文字通り、昔このあたりまで入り江になっていて、船着き場があり、「前の津」というところからついたというのが通説になっている。

ということは、このあたりまで海が迫っていたということで、ちょっと気になることに触れてみたい。それは大須観音に近い商店街の中にある「那古野山公園《なごのやまこうえん》」のことである。この「那古野」は今「なごの」と読ませている。ほんの小さな公園で真ん中に小さい山があるだけだが、かつてはここに前方後円墳があり、この小さな丸い山は後円墳の跡なのだという。

ここには江戸時代、清寿院という寺院があったのだが、明治になって廃せられ、明治一二年（一八七九）、名古屋市で初めての公園がつくられた。

その公園名が「浪越公園《なみこしこうえん》」であった。「浪越」とは高波や津波が押し寄せてきて「波が越える」とも考えられ、この「前津」の近くだということを頭に入れると、かなり危険地域ではなかったかと思われてならない。この「浪越」は「なごや」とも読まれ、「名古屋」の起源だとする考えもあり、もしそうだとすると、「名古屋」は高波や津波に大いに関連していることになる。

第二章 名古屋市営地下鉄編

【1】東山線

1 覚王山(かくおうざん) 仏教の真髄を示す

名古屋から地下鉄東山線に乗って行くと、「本山駅《もとやま》」の一つ手前が「覚王山駅」である。このあたりまで来ると、街並みも高台になり、高級感が増してくる。この駅名は名古屋の人々には馴染みの深い日泰寺《にったい》という寺の山号に由来する。日泰寺とはタイから釈迦《しゃか》の骨が日本に寄贈されることになったとき、宗派の特定した寺院で受け入れるわけにはいかず、この名古屋に新しい「日泰寺」という寺院を建立し、そこに釈迦の骨を奉納することによってなった寺院である。明治三七年(一九〇四)のことである。

「日泰寺」はきわめて単純で「日本」と「タイ」の二つをつなぎ合わせたにすぎない名前である。「覚王山」の「覚王」とは「覚《さと》りの王」、すなわちお釈迦様のことである。辞書にも「仏の尊称の一つ」とある。

駅から広い参道を行くとやがて正面に日泰寺が現れる。境内《けいだい》には鉄筋コンクリートの本堂や五重塔が建っているが、檀家《だんか》もないだけに妙に空虚な感じがする。実際には境内の後方にある「日泰寺御真骨奉安塔」まで足を運ぶことが必要だ。

それにしても、地下鉄で通勤・通学している人は「覚王山駅」に着いたら、少しはお釈迦様のことを思ってみてもいい。

2 上社（かみやしろ）「矢白《やしろ》神社」から「社《やしろ》」になった

「本山駅」を過ぎてさらに東山線を東に向かうと「一社駅」がある。そしてその次が「上社駅」である。何やら、このあたりには「社」のついた駅名が二つも並んでいる。しかも、その読み方が異なっている。「一社」は「いっしゃ」で、「上社」は「かみやしろ」と読む。この謎を解いてみよう。

まず「一社」だが、一見、一つの神社があるかのようだが、真実は全く違う。明治一一年（一八七八）、ここにあった「一色村《いつしき》」と「下社村《しもやしろ》」が合併されたとき、双方から「一」と「社」をとって「一社」としたに過ぎない。いわば合成地名の典型である。

この地域は中世においては「社郷《やしろ》」と称されていたが、後に「矢白神社」を中心に区分され、「上社村《かみやしろ》」と「下社村《しもやしろ》」ができたといわれている。

この「矢白神社」は「やはく神社」ではなく、「やしろ神社」と読むことになっている。それはなぜか。こんな伝承が残されている。

昔、旱魃《かんばつ》のとき武内宿禰《たけのうちのすくね》がこの地を通りかかったという。困っている村人を見て、「白鷹の羽で作った白い矢を御祭神として祀《まつ》れ」と言って渡したという。村人は早速祠を作っていただいた白い矢を祀ったという。その矢に一心に祈ると、どこからともなく清水が湧《わ》き出て田畑を潤してくれたという。人々は大いに喜んでこの祠を「矢白《やしろ》神社」と呼び、村の名も「ヤシロ」と呼ばれるようになり、そこから「上社」「下社」という地名が生まれたのだという。

「矢白」が「社」になるあたりはなかなかの想像力である。名古屋人にはやはりこのようなユーモア溢《あふ》れる想像力があるのだろう。

白い矢を祀った矢白神社（貴船神社）

ちなみに、この「矢白神社」は名を変えて今は「貴船神社」になっている。京都の貴船神社にならったものだが、貴船神社も水に深く関わった神様で、そんな意味を込めて貴船神社としたのだろう。

いずれにしても名古屋人の知恵の一端を垣間見《かいまみ》た感じがする。

【2】鶴舞線

3 浄心（じょうしん）　浄心寺と下町情緒

鶴舞線で北の方に向かうと、「丸の内《まるのうち》」の次が「浅間町《せんげんちょう》」、そしてその次が「浄心」である。何となく気になる駅名である。いかにも心が洗われる、そんな気持ちにさせる駅である。

駅名はその地域が「浄心」という町名になっているからだが、現在は「浄心一・二丁目」に分かれている。「浄心中学校」もある。校名だけ見れば何やら曰《いわ》くあり気な私立中学校のようにも聞こえるが、れっきとした公立学校である。

この「浄心町」は昭和七年（一九三二）、北押切町と児玉町の一部が統合して成立している。今も「児玉」という町名は健在で一丁目から三丁目まで存続している。

由来は駅の近くにある浄心寺というお寺であるとされている。「浄心」というから浄土宗かと思いきや、実は曹洞宗である。名古屋近辺では曹洞宗の意外な健闘ぶりに目を見張ることがあるが、この寺もその一つである。

浄心の交差点は高速清須線と弁天通りが交叉《こうさ》する地点にあるが、交差点の北東の角にあるのが浄心寺である。創建は文化《ぶんか》一八年（一八一一）とまだ二〇〇年程度の新しい寺である。御本尊は如意輪観世音菩薩で、本堂の左手前に祀る賓頭盧尊者像は、自分の悪いところと同じところをなでると、病気が治るといわれている。

さて、この交差点の近くにパチンコ発祥と呼ばれる「パチンコMASAMURA」というパチンコ屋があり、その三階には世界で一つとされる「パチンコミュージアム」があるという情報を得た。早速行ってみたのだが、どうもパチンコ屋さんらしきものはない。よくよく聞いてみると、そのパチンコ屋さんは一、二年前に閉業してしまったのだという。今はその廃業したままの建物だけが残っている。

もともと正村さんという方がこの地にパチンコ店を開業したことから名古屋に広がり、全国に展開されていったとのことだが、地元の人の話によれば、この正村さんはパチンコを自分の特許として独占せずに、自由に多くの人々が開業できるように仕向けたのだという。その結果、パチンコという娯楽が日本中に広まったという話であ

下町情緒を楽しめる浄心の街（右が浄心寺）

る。

正村さんは「この町に生まれてよかった」というのを口癖のようにしていたという。そんな思いが伝わっているせいか、浄心の街には下町風のほっとする空気が流れている。

4 平針（ひらばり） 開墾の神々をたどる

鶴舞線の東のターミナルが「赤池駅《あかいけ》」であるが、その一つ手前に「平針駅」がある。実は駅そのものは特色があるわけではないが、このあたり一帯に広がる「針」地名について言及するために取り上げることにした。

名古屋地区でもこのあたりに「針」地名が集中している。平針駅の近くには「平針一～五丁目」があり、南に行くと「平針南一～四丁目」がある。ここは天白区《てんぱく》だが、北に行くと名東区になり、そこには「高針一～五丁目」「高針台一～三丁目」「大針一～三丁目」がある。これらの町名はいずれも「ひらばり」「たかばり」「おおばり」と

「針」には濁点がついている。

この「針」だが、文字通り「縫い針」の「針」をイメージしたらとんでもない間違いを犯すことになるので、用心してほしい。この「針」は「ハリ」「バル」のことで、開墾を意味する地名である。漢字としては「針」「治」などを使うが、「原」も基本的に同じジャンルに入る。

「治」の典型的な例は愛媛県の「今治」だが、これを「いまばり」と読むのはご承知の通り。愛知県ではここで示したように「針」が多い。東日本では多くが「原」である。

「平針」はしたがって「平らな開墾地」、「高針」は「高い開墾地」、「大針」は「大きな開墾地」という意味になる。きわめてわかりやすい地名である。問題は「針」という漢字に惑わされないことだ。

ここでも大きな発見をした。平針駅から南東に一〇分も行くと慈眼《じげん》寺というお寺がある。もともとは秋葉神社に関連した神仏混淆《こんこう》の寺であった。その南に少し坂を下ると「針名神社」がある。これも意味深長な神社名である。

御祭神は「尾治《おはり》針名《はりな》根《ね》連命《むらじのみこと》」であり、文字通り、尾張国を開拓した神様である。

それ以外に「大国主命《おおくにぬしのみこと》」なども祀られており、この地が古くから開拓に深く関わってきたことがわかる。衝撃的だったのは、この「尾治針名根連命」が尾張国一宮の真清田神社の御祭神である「天火明命」の一四世孫に当たり、父の「尾綱根命」とともに、犬山《いぬやま》城の下にある「針綱《はりつな》神社」にも祀られているということを知ったことである。

そういわれてみると、かの「針綱神社」もやはり「針」で開拓に関係した神様なのである。本書で示したように、「各務原」の語源に関係した「村国真墨田神社」も真清田神社の天火明命を祀っている。何らかの関係はあったのだろう。

そして、重要なことは「尾張」という国名そのものが「小墾《おはり》」であって、開墾に関連していたことである。つまり、尾張・美濃の進取な気質は何千年も前から受け継がれてきたもので、それが「針」という地名に託されてきたと考えることができる。

そう考えてみると、この尾張一帯に潜む開拓の精神、物づくりへの積極的なスピリッツなどもうなずくことができる。そんな文化をぜひ大切にしていってもらいたいものだ。

尾張開拓の神様を祀る針名神社

【3】名城線

5 矢場町（やばちょう） 昔「矢場」があった

矢場町の駅は名古屋の誇る二本の一〇〇メートル道路、久屋大通りと若宮大通りが交叉する地点にある。栄駅から一つ目の駅だから歩いても十数分の距離である。それにしてもこの二本の一〇〇メートル道路が交叉するというのだから、ものすごいことになっている。東京などでは考えられないスケールであり、こういうことを考えついただけでも大変なことだと感心さえする。

栄から久屋大通りを南に下っていくと、道を下り切った地点に「矢場町」の駅があるが、地下道で名古屋パルコと松坂屋デパートに直結している。若者はパルコ、ちょっとリッチな人は松坂屋に入るということらしい。松坂屋に入ってみてそのシックな感覚にまず驚く。東京のデパートは人ばかりでゆっくり買い物をするという雰囲気で

矢場が置かれた三輪神社

はない（と言ってもいいだろう）のだが、この松坂屋には本来あるはずのゆっくりした時が流れている。これがとても心地よいのだ。

ところで、この「矢場町」の由来だが、たぶん多くの名古屋人も気づいていない。今は「矢場町」という町名もなくなってしまっているが、この駅名にだけ残されている歴史がある。

それは江戸時代、ここに「矢場」が置かれたということである。「矢場」とは「弓矢を射る場所」と考えたらいい。

駅からちょっと西の方に行った住宅街の中に三輪《みわ》神社という小さな神社がある。今は大須三丁目になっているが、昔はこのあたりまで矢場町という町名だった。その矢場町という町は今は「栄」と「大須」に分割されてしまい、なくなってしまったのである。

実はこの三輪神社に「弓矢場」（「指矢場」とも）が作られ、ここで弓矢の訓練をしたことに始まる。寛文《かんぶん》八年（一六六八）のことだという。

実はこの矢場町の東に昔「東矢場町」という町があり、そこにも矢場が置かれたという。『名古屋市史』によると、星野勘左衛門という人物が京の三十三間堂で通矢をした様を見て、ぜひ名古屋でもこのような形で弓を射ってみたいということで、新しく矢場を作ったという。東に矢場があった（矢場町）ので、「東矢場」と名づけたということである。

名古屋の繁華街の真ん中にこのような古い歴史が駅名として残されていることに注目したい。

6 黒川（くろかわ）　黒川技師の名にちなんで

黒川沿いに散策したのはもう二年ほども前のことになる。上流の黒川樋門から「黒川駅」まで歩いたのだが、名古屋の都心部に約一・五キロにわたってずっと桜並木が続いている。都心部にこんなに静かな散策路があるなんて、というのが率直な印象だった。この散策で名古屋という町の魅力が一気に増したことは疑いない事実である。

名古屋の町は東から北を回って西に至るまで、まるで名古屋城を囲むように庄内《しようない》川が流れている。それは自然の要害のような働きをしていたことになる。

江戸時代になって名古屋藩主はこの庄内川から水を引き、名古屋城の内堀に流し込む用水路をつくることにした。寛文三年（一六六三）のことである。この用水は名古屋城内で活用されると同時に、お城の西側に南北に掘られた「堀川」につながり、物資を運ぶ舟運の河川として利用されることになった。

当時、これは「御用水」と呼ばれ、名古屋城下のライフラインの役割を担ってきた。今はこの御用水はなく、明治に入ってその御用水に並行して開削された「黒川」が散策路として整備されており、今でも「堀川」につながっている。

この「黒川」はこの川を開削した技師黒川治愿《はるよし》氏にちなんでいる。開削されたのは明治九年（一八七六）のことなので、明治に入って間もなくのことである。この種の工事の場合、現代では個人の名前をつけるということはまず考えられないことだが、当時はまだ特殊な能力に裏付けられた技術者への尊敬の念が強かったのかもしれない。

我が国では、個人の名前がつく地名といえば、江戸時代の新田開発に多く見られる。新田を開発した個人名によって「太郎兵衛新田」といったように名がつけられた。それ以外には、日本では地形でつけられるのが一般で、個人名の地名はごくごく限られてくる。

それほどまでに黒川治愿氏の技術力が高かったということなのかもしれない。あるいは、ヨーロッパの技術の力を借りたとすれば、ヨーロッパ風に個人名をつけたのかもしれない。

川のほとりには川に集まる鳥の看板などが置かれ、ほっとする風情が川を渡る風とともに流れてくる。川のほとりで出会った親切な市民の方々の印象も忘れがたい。

【4】桜通線

7 高岳（たかおか）　家康の我が子を思う気持ち

「名古屋駅」から桜通線に乗って「久屋大通駅」を過ぎると次が「高岳駅」である。「高岳」と書いて「たかおか」と読む。これも不思議といえば不思議だ。この由来の説明としてはこれまで、次のようなことが言われてきた。

その昔、この高岳駅のある前津町一帯は入海であったが、その北方に小高い山があって、そこに登ると寄せては返す波を見ることができた。それは「汐見山」と名づけられ、尾張の名勝地の一つであった。そして、その山の上に「高岳院」というお寺が建てられて、そこから「高岳」という町名が生まれた——。

ざっとこんな話なのだが、歴史はもうちょっと複雑のようだ。もともとこの寺は甲斐《か い》国新府にあって教安寺と称していた。慶長《けいちょう》一三年（一六〇八）家康の命により平

家康の想いがつまった高岳院

岩新吉なる人物が、仙千代《せんちよ》（家康の第八子、尾張初代藩主義直《よしなお》の兄）菩提《ぼだい》のために清洲城外に移転して「高岳院」とした。かの清洲越しによってこの高岳院は現在の地に移り、その山門は清洲城の黒門をそっくり移したもので、明治になってからは国宝に指定されていたという。

ところが、昭和二〇年（一九四五）の戦禍によってことごとく焼かれ、今は小さな境内におさまっている。

これが大まかな「高岳院」の歴史なのだが、問題はなぜこの寺の名を「高岳院」にしたかである。その理由は仙千代という人物にある。仙千代という人物は一般の人物辞典には登場しない。家康の第八子ということになっている。尾張初代藩主は家康の第九子であるので、それよりやや年上のはずである。義直は慶長五年（一六〇〇）生まれなので、その直前の生まれと推測される。

家康の命によって仙千代の菩提を弔うために「高岳院」を慶長一三年（一六〇八）に創建したのだから、仙千代は一〇歳前後で出家したか亡くなったものと思われる。その仙千代の法名が「高岳院」だったことがわかっている。

こういうことになってくると、ただ小高い山があったから「高岳」という地名が生まれたなどというのは、きわめて浅い理解と言わざるを得ない。むしろ、家康の我が子を思う気持ちが今に伝わってくると言った方が正しい。

8 吹上（ふきあげ）　海風が吹き上げた土地

「吹上駅」は「今池駅《いまいけ》」と「御器所駅《ごきそ》」に挟まれたマイナーな駅である。が、この「吹上」という地名の響きがとてもいい。この「吹上」は歴史的にというよりは、やはり地形に由来すると考えた方がいい。

かつてこの近くにサッポロビール名古屋工場があり、ここが「吹き上げるほど湧水が豊富なところ」からこの「吹上」という地名がついたとの説もあったが、たぶんこれは間違いだろう。

全国に「吹上」地名は多数確認されている。名古屋の吹上もその一つだが、他に鹿児島県や埼玉県などがよく知られている。

そして真っ先にイメージするのは皇居内にある「吹上御苑」である。吹上御苑は皇居のおよそ三分の一を占める広大な土地で、そのほとんどが森林で占められている。建物としては天皇が住まわれる御所などが点在している。この台地は武蔵野台地の東端に当たり、すぐ下はかつて海であって、海からの風が吹き上げる土地であった。

全国的に見ても、「吹上」に関する地名としては「吹上浜」と呼ばれるところが多く、間違いなく風が吹き上げることにちなむ地名である。

この地区の「吹上」についても、昔はこのあたりまで入海で、真砂が風で吹き上げたところといわれてきた。

駅そのものはそう大きいものではないが、「吹上」「吹上町」という町名もあり、「吹上公園」「吹上小学校」などの公共施設にその名をとどめている。

第三章

名古屋鉄道　本線めぐり

【1】上り方面（名古屋本線・豊川線）

1 呼続（よびつぎ） 人を呼びついだ浜辺

「神宮前《じんぐうまえ》」の駅の次が「堀田《ほりた》」、その次が「呼続駅」である。駅そのものは小さく、地図上で見ると、この呼続駅よりも、その次にある「桜駅《さくら》」のほうが呼続の中心地のように見える。だが、呼続駅のすぐ東側は「呼続元町」となっており、やはりこの呼続駅のほうが古いのかもしれない。

駅から南へ少し行くと交差点になり、その左右につながっているやや古い道筋に出あう。これが旧東海道である。この交差点を左に折れ、名鉄線とほぼ並行に走っている道が旧東海道で江戸方面に向かうことになる。

緩やかな坂道を上っていくと、左手に「旧東海道」の石碑が建てられている。これは平成一三年（二〇〇一）に宿駅制度制定四〇〇年記念に作られたもので、まだ新しい。その記念碑にはこう記してある。

「古来、呼続一帯は四方を川と海に囲まれた、巨松の生い茂る陸の浮島として『松巨嶋』（まつこじま）と呼ばれ、尾張の名所であった。ここは東海道が南北に通り、これに鎌倉街道が交差している。西側の磯浜は『あゆち潟』と呼ばれ、これが『愛知』の地名の起源になったと言われている」

江戸時代からあった豊田村と千竈《ちかま》村が合併されて「呼続村」が成立したのは明治二二年（一八八九）のことである。この「呼続」が採用されたのには、『新後拾遺和歌集』（一三八四）巻八に収められたこんな歌があった。

鳴海宿夕波千鳥立ちかへり
　友よびつぐのはまに鳴くなり

鳴海宿は呼続の南に位置した海のほとりの東海道の宿場であった。この鳴海から浜が熱田方面につながっており、この浜辺のことを「よびつぎ浜」といったのである。

熱田の宿から船が出るのを「呼びついだ」という説もあるが、ここは浜で友を呼びついだと解する方が美しい。

2 本笠寺（もとかさでら） 優しい娘の思い。

「桜駅」の次が「本笠寺駅」だ。このあたりは旧東海道沿いに駅が連なっている。駅を降りて東に少し行くと大きな通りが走っているが、その通りにクロスするように旧東海道が走っている。この駅名の由来はこの地にある「笠寺観音」にあるのだが、なぜ「笠寺」ではなく、「本笠寺」にしたのだろう。不思議ではあるが、意外に単純な理由からである。実はこの隣に走っているJRの駅が「笠寺」であるからだ。そのJRの駅名に対抗してつけられたのが真相である。

もともとこの駅は大正六年（一九一七）に愛知電気鉄道の「笠寺駅」として開業されている。その後昭和一〇年（一九三五）に名古屋鉄道の駅に変わるが、昭和一八年（一九四三）に国鉄に「笠寺駅」ができたことによって、それよりも古く「本」ということで、「本笠寺駅」に改称した。今のJRに一歩譲ったということだろう。

貫禄の笠覆寺本堂

近くにある日本一見事な一里塚

尾張四観音の一つとして有名な笠寺観音は正式には「笠覆寺《りゅうふくじ》」という。真言宗のこの寺の起源は古く、天平《てんぴょう》五年（七三三）といわれる。当時は「小松寺」と呼ばれて栄えていたが、やがて寺は荒廃し観音様も風雨にさらされるようになってしまっていた。

この近くに美しい娘がおり、ある雨の日、観音様がずぶ濡れになっている姿を見た娘は、自分の笠を外して観音様にかぶせてあげたのだという。昔からよくある話ではある。

その後、関白藤原基経《ふじわらもとつね》の息子の藤原兼平《かねひら》公がこの地を訪れたとき、いたくこの話に感激し、その娘を妻として迎えることになったという。

笠寺観音の境内に足を踏み入れると、おごそかな真言密教の道場の雰囲気が漂っている。近年になって、兼平公と玉照姫《たまてるひめ》となった娘の御堂が再現されている。

3 鳴海（なるみ）　海の音が聞こえる

鳴海宿は尾張に置かれた東海道の宿としては、宮宿と呼ばれた熱田宿と並んで二つしかない旧東海道の宿場であった。三河国には七つもの宿場が置かれたのに対して、なぜ尾張国には宿場が二つしか置かれなかったか。それは宮宿からは東海道で唯一の海路が置かれていたからである。熱田神宮の南にある七里の渡しから桑名宿まで、旅人は舟の人となって京に向かったのである。

昔はこの近くまで海が広がっていたらしい。日本武尊がこの地を通ったときに残した歌が今に伝えられる。

鳴海浦を見やれば遠し火高地に
　この夕潮に渡らへむかも

「鳴海浦」と詠《よ》んでいるところからも、この地が海辺であったことがわかる。昔はこの街道を歩いていくと、海の鳴る音が聞こえてきたということだ。「火高地」といっているのは、今の「大高城跡」のことである。このあたりは信長《のぶなが》と今川義元《いまがわよしもと》が戦った桶狭間《おけはざま》の合戦の地として知られるが、名古屋に入る入り口として軍事的にも重要な地点であった。

駅から北に歩いて川を渡ると本町の交差点に出る。そこに走っているのが旧東海道である。名古屋市内にはまだまだ多くの旧東海道の道筋が残されているが、この鳴海宿あたりの景観が最も風情を残していると言っていいだろう。

交差点から左手を見上げると、小高い丘になっていて、そこが昔の鳴海城のあったところだ。今は公園になっているが、昔はこの城を「根古屋城」と呼んでいたという。そういわれてみると、この一帯の字名も「根古屋」になっている。「根古屋」とは中世の武士の館を意味する地名で、「名古屋」という地名もこの「根古屋」に由来すると考えられる（詳細は『名古屋 地名の由来を歩く』参照）。

隣の「有松宿」は有松絞りで有名な間《あい》の宿で、観光客向けにかなり整備されてしまっているが、この鳴海宿は今も人々が日常生活を営んでおり、その素朴《そぼく》さに心を打たれる。驚くべきは、この鳴海宿には無数の寺院がひしめきあうように建てられていることだ。愛知県は日本一神社・仏閣の多いところだが、この鳴海宿はまさにその象徴のようなところである。

4 前後（ぜんご）　東海道に向かって「前」にあった

名鉄本線の駅名を見ていて、まず目についたのがこの「前後駅」である。名古屋周辺にはユニークな地名・駅名がたくさんあるが、この「前後」はその筆頭に挙げられよう。いったい「何が前後なのか」？

昔この付近で行われた桶狭間の戦いで亡くなった兵士たちの首が前後して転がっていたという話や、戦勝した信長側の兵士たちが今川側の兵士たちの首を前後して並べたという話が伝えられているところから、この地名がついたという説がある。

駅から一〇分余り歩いた小高い丘の上に「戦人塚」という塚が残されている。これは永禄《えいろく》三年（一五六〇）五月一九日、かの桶狭間による戦死者を地元の曹源《そうげん》寺の和尚が弔ったもので、かつてはこれ以外にも多くの塚があったそうだが、宅地造成などでなくなってしまい、今はこの塚しか残されていない。

首を前後して並べたという話は後世の人が作ったもので、真に受けるような話ではない。ただ、昔はこのような話から次世代に桶狭間の戦いを伝えようとしたもので、その価値はいささかも減ずるものではない。地名伝承というのは、そのような昔の人々の楽しみでもあったわけで、それを否定してしまっては元も子もない。

では、ほんとうはどのようにこの「前後」という地名が生まれたのだろうか。その歴史をひも解いてみよう。

「前後村」という行政地名が生まれたのは明治初年のことといわれている。それまでは「五軒屋新田」という村であった。今でも「五軒屋」という町名は前後駅の名古屋寄りの地点に残っている。たぶんこのあたりが昔の「五軒屋新田」であったのだろう。

この「五軒屋新田村」は延宝《えんぽう》八年（一六八〇）の村立《むらたち》というから、今から三〇〇年以上も前のことである。ではこの「五軒屋新田」がどのようにできたのかだが、その元村の「間米《まごめ》村」にたどりつく。「間米」は当て字で木曽中山道の「馬籠宿」の「馬籠」と同じである。この「間米村」もそのルーツは「沓掛村」だったとのことで、街

伝説を生んだ戦人塚

道筋の地名に由来している。
そしてこの「間米村」の枝郷として次の三つの集落ができた。
五軒屋…慶安《けいあん》元年（一六四八）出来
八ツ屋…寛文年中（一六六一～七三）出来
三ツ谷…出来年不詳
これらの数字はいずれも軒数を示していた。東京の「四ツ谷」などもこれと同じように成立したものだ。
間米村の本郷から見ると、「八ツ屋」は南に位置し、さらにその南に「五軒屋」があった。つまり間米村の中心地から見ると、この五軒屋は南方にあり、そこから「前《ぜん》郷《ごう》」と呼ばれることになったという。
ところが謎はまだ解決されていない。「南にあったから前郷となった」だけでは意味不明である。「南にある」ということだけで「前」になるというのはどう考えてもおかしい。北半球では、「南」は「前」で「北」は「後」だというのは言えなくはないが、それだけでは納得不能というものだろう。何かもう一つ謎解きのヒントがあるはずだ。

それは東海道の位置である。東海道は間米村から見ると南に位置していた。そしてあたかも五軒屋はその東海道に面して五軒の家が並んでいたのである。したがって、この「前郷」は「東海道方面に向かって前にある郷」という意味になる。

この五軒屋新田はそれ以降通称「前郷村《ぜんごうむら》」と呼ばれるようになり、時には「善江村」とも表記されたという。

この「前郷村」が「前後村」に変わったのは明治に入ってからとされている。「ゼンゴウ」が「ゼンゴ」に変わったということで、「前後」の「後」には特別の意味はない。

これが「前後」成立の経緯なのだが、それにしてもユニークな地名である。それを駅名に残している名鉄の関係者にも大いなる敬意を表したい。この駅名そのものが文化遺産なのである。

5 知立（ちりゅう） なぜ「池鯉鮒」なのか

名古屋本線・三河線

この「知立」という駅名は、全国的によく知られている。一回聞くと忘れられない駅名であることは確かだ。

この「知立」を関東では「ちりゅう」と「ち」にアクセントを置いて読んでしまうが、地元では逆に「ちりゅう」と「りゅう」にアクセントを置いて読んでいる。このアクセントの問題は地名・駅名では非常に重要な問題である。

ところが、この「知立」かつては「池鯉鮒」「雉鯉鮒」「千鯉鮒」などと書かれたとなると、いったいこの「知立」って何もの？ と思ってしまう。何で鯉や鮒が登場してくるのかが全くわからないからだ。

そこで、まずは「知立」の由来がどこにあるかを探ってみよう。「知立」起源には、次のようなものがある。

①知立神社の祭神とされる伊知理生命《いちりゅうのみこと》の「知理生」に由来する。

500年も前に再建された多宝塔

②知立神社に地主神として祀られている木花知流比売命《このはなちるひめのみこと》の「知流」からとった。
③茅の繁茂するところから茅生と称した。

このうち最も信憑性が高いのは、「知理生」説だといわれている。ただし、この「知理生」なる神がいかなる神なのかはよくわかっていない。現在祀られているのは、彦火火出見尊《ひこほほでみのみこと》、鸕鷀草葺不合尊《うがやふきあえずのみこと》、玉依比売命《たまよりひめのみこと》、神日本磐餘彦命《かむやまといわれひこのみこと》（神武《じんむ》天皇）の四柱であり、「知理生」の神はない。しかし、「知立」の起源は知立神社にあることはほぼ定説になっている。もともと知立神社は式内社で、三河国の二宮であった。社伝によれば、日本武尊が東国平定の折、当地で祈願し、無事大役を果たしてここに先の四柱の神を祀ったのが始まりとされる。

以来、「知立」という文字を使っていたが、江戸時代になると、「池鯉鮒」という表記が一般的となった。その背景には、この地が東海道の宿場となり、この知立神社の池に多くの鯉や鮒がいたから「池鯉鮒」という漢字になったのだと伝えられている。きっとこの地の川魚がとても美味で、旅人があの宿に入れば鯉や鮒を食べられる、という思いでつけられたのであろう。それはそれでほほえましい話ではある。

「池鯉鮒大明神」と呼ばれたこの知立神社の末社は全国に四十数社あり、そのほとんどが「蝮《まむし》除け」の信仰を伝えている。その起こりは、嘉祥《かしょう》三年（八五〇）慈覚《じかく》大師（円仁《えんにん》）がこの地を訪れたとき、蝮にかまれたが、当社に参拝してなおったところにあるという。知立の神様が蝮除けの神様だったことは意外に知られていない。

駅から一〇分ほど歩いたところに知立神社は鎮座しているが、確かに低地で鯉や鮒が多くいたかのようである。境内には嘉祥三年（八五〇）建立され、永正《えいしょう》六年（一五〇九）に再建されたという多宝塔が見事なたたずまいを見せている。

6 御油（ごゆ）東海道で「油を売った」？

「御油」という駅名も一度聞いたら耳から離れない響きを持っている。「御油」という以上、「油」に関係している可能性はある。それに「御」がつくとはどういうことだろう？

実はこの「御油」、東海道中でも名高い宿場であったのだ。愛知県下の東海道の宿駅を名古屋方面から示すと次のようになる。

尾張国　宮宿（41）鳴海（40）
三河国　池鯉鮒（39）岡崎（38）藤川（37）赤坂（36）御油（35）吉田（34）
　　　　二川（33）（宿場の通り番号は江戸起点）

宿場と宿場の間は二里（約八キロ）前後というのが一般的だ。ところがこの赤坂宿と御油の間は一六町（約一・七キロ）で、東海道沿いでは最短の距離である。いったいこれはなぜなのか？

御油駅で降りて、川を渡るともう旧東海道に出る。今も古い家並みがところどころに見受けられる。街道を赤坂宿方面にしばらく戻ると、立派な松並木がそのまま残されている。東海道でも唯一と呼ばれた松並木である。

もともとは家康が慶長九年（一六〇四）、奉行の大久保長安《おおくぼながやす》に植樹を命じたもので、当初は六五〇本もあったという。その後宝暦《ほうれき》二年（一七五二）と文久《ぶんきゅう》三年（一八六三）に大幅に補植し、現在はおよそ二八〇本の松並木が保存されている。昭和一九年（一九四四）国の天然記念物に指定されている。

謎は残されている。街道中最短の赤坂宿と御油宿の間になぜ家康は松並木を植えさせたのか。家康のふるさとの岡崎《おかざき》までもう少しというところで、疲れを吹き飛ばすためにこの並木をつくったのだろうか。それともこの二つの宿をつなぐ何かをイメージしたのだろうか。

幕末にこんな歌が流行《はや》ったそうだ。

御油や赤坂　吉田がなけりゃ
なんのよしみで　江戸通い

地元の資料では、この二つの宿場あたりが東海道のちょうど真ん中に当たり、旅人が「やぁ、半分きたな！　まぁ、あと半分だ」という安心感から財布のひもが緩くなって、大いに宿は繁盛したと書いてある。が、どうみてもこのあたりは江戸と京都の真ん中ではなく、京都寄りであったことは明らかだ。事実、五十三次のうち、御油は三十五次、赤坂は三十六次である。

すると、この二つの宿でゆっくりした背景にはなにかあるはずだ。江戸から京に向かうと大井川《おおい》、天竜川《てんりゅう》など多くの難関を通ることになる。遠江国を越えて三河に入ると、ようやく尾張も近くなり、京の都も見えてくる。その先の岡崎は家康公の本拠地だから羽目を外すことはできない。熱田神宮の宮宿ではやはり緊張する。だからこのあたりで一休み……ということだったのではないか。

それにここはかつて「油」の生産地だったというではないか。昔はここに油が多く生産されて京の御所にまで送ったということが歴史に残っている。きっとその油は「胡麻の油」であったに違いない。

——と考えてくれれば、このあたりで「油を売ってもいいんじゃないの」と旅人は考えたかもしれない。どうやら、そんな旅人の思いがちらほら見え隠れする。

きっと「御油」という宿名が旅人をほっとさせたのであろう。この地に油が生産されていたことは、『三河国宝飯郡誌』には次のように書かれている。

「往昔持統天皇当郡宮路山ニ行幸アリ、ソノ行在所へ本村ヨリ油ヲ奉リタルヨリ起ル由統叢考ニ見ユ。世諺弁略ニハ草壁親王へ献ズルヨリ起ルト云フ。又三河雀及ビ諸国里人談ニ、油ヲ禁中へ奉ルトアリ。按ズルニ、昔時当村ニ油ヲ製スルモノアリテ、持統女皇ヲ始メ奉リ、草壁太子其他禁裡へ屡々之ヲ献納シタルヨリ、此ノ事著名トナ

御油の松並木

雪の舞う御油宿

リ、遂ニ聚落ノ名トナリタルモノカ」

これを見ると、持統《じとう》天皇（六四五〜七〇二）の時代から油を作っていたことがわかる。したがって江戸時代に「油を売っていた」説は成り立たないが、昔の人のユーモアを想定すれば、この程度の遊びは許してもらえるだろう。

7 国府（こう） 三河国の政庁の跡

名古屋本線・豊川線

全国に「国府」の名のつく駅は九つある。

国府多賀城（こくふたがじょう）　宮城県　ＪＲ東北本線
国府台（こうのだい）　千葉県　京成本線
国府津（こうづ）　神奈川県　ＪＲ東海道本線
飛騨国府（ひだこくふ）　岐阜県　ＪＲ高山本線

国府（こう）	愛知県	名鉄名古屋本線
国府宮（こうのみや）	愛知県	名鉄名古屋本線
国府（こくふ）	兵庫県	ＪＲ山陰本線
国府（こくぶ）	熊本県	熊本市電水前寺線
古国府（ふるごう）	大分県	ＪＲ久大本線

読み方は「こくふ」「こう」「こくぶ」「ごう」と分かれているが、いずれも旧国の国府があったことにちなむ駅名である。見てわかるように、九つのうち二つが愛知県にあり、しかもその二つが同じ名鉄名古屋本線にある。これは名古屋でも知らない人が多いかもしれない。名古屋をはさんで東西に三河国と尾張国の政庁を名鉄が結んでいることは考えてみれば大変なことだ。しかも全国に九つしかない「国府」の駅名を二つも占めているのである！

さて、三河国の国府がどこにあったのかだが、従来は豊川《とよかわ》市白鳥《しろとり》町上郷中《かみごうちゅう》・下郷《しもごう》中《ちゅう》付近という説と、同じ豊川市国府《こう》町中道《なかみち》付近という二つの説に分かれていた。しかし、この二つの地域は「国府駅」をはさんでせいぜい二、三キロのところに位置しており、基本的にはこの「国府駅」の近くにあったことは間違いない。

現在いちばん整理されているのは国分尼寺跡で、まずその地を探そうと国府駅に降り立った。かなり幅の広いその名も「姫街道」と呼ばれる道をずっと東に歩いていくと、やがて八幡宮の前に出る。どうもその裏側らしいのだが、どうやってもたどり着けない。グーグルのマップを頼りにさらに歩くと、小さな道の奥にいきなり大きな広場が現れ、そこに復元された国分尼寺の門が目に飛び込んできた。いかにも天平風のたたずまいだが、ちょっとけばけばしい感は否めない。あっと思ったのは、その建物の後ろにそびえる三角錐の山であった。それは大和三山の一つ耳成山《みみなし》そっくりであった。この地に政庁を定めた古代人は、ここに大和の面影を感じとったのであろうか（写真下）。

資料館に寄って、郷土史家の話を聞いた。先ほど通り過ぎてきた八幡宮の隣に国分寺があったこと、さらに姫街道を渡った道路の脇にある曹源寺のあるあたりが国衙《こくが》跡だということだった。

さらに面白かったのは、「三河国」の由来であった。一般に流布している説によれば、「三河」はもともと「三川」で、男川・豊川・矢作川の三つの大きな川があった

三河国国分寺跡

復元された国分尼寺門

ことから「三河」になったということになっている。

ところが、この地域は大化の改新以前は「穂国」とされていた。その後「三河」と統合されて「三河」になったとされており、二国に分かれていた時代には、男川・矢作川は三河であっても豊川は三河ではなく穂国であったから、三つの川に由来するという説は成り立たないという話だ。

もう少し説明を加えてみよう。

二〇年ぶりくらいに豊橋《とよはし》駅に降りて、まず目についたのが「ほの国」という看板だった。えっ、いったい「ほの国」って何だ？　とまず思った。「ほっとする国」程度の意味かと思ったのだが、この豊橋を中心とした「東三河」が「穂国」と称していたことはすぐ知れた。とにかく、同じ三河でもどうやら、豊橋を中心にした「東三河」と岡崎を中心にした「西三河」では風土も文化もかなり違うらしいのだ。東三河は尾張はもとより岡崎よりも遠州に近い地域なのである。

大化の改新以降、この今の東三河は三河国に統合させられ、その代わりといっては何だが、この穂国に国衙を設けるようになったのかもしれない。

8 豊川（とよかわ）　豊川稲荷の信仰から

名鉄豊川線「豊川稲荷駅」・JR飯田線「豊川駅」

豊川町・牛久保町・国府町・八幡村が合併されて「豊川市」が成立したのは昭和一八年（一九四三）のことである。市名の「豊川」はもちろん「とよかわ」と読むが、もともとの由来は「豊川《とよがわ》」にあり、「とよがわ」を「とよかわ」に変えたところから豊川市はスタートしている。

三河地方で愛唱されてきた「三河男児の歌」の最初はこうなっている。

雲にそびゆる段戸山　　波は静けき渥美湾
外に万里の海を見て　　内に沃野の富を占め
流れも清き豊川や　　矢作大平みをながし

ここにいう「段戸山《だんどやま》」は北設楽郡《きたしたら》設楽町に位置する標高一一五二メートルの山で、

ここを源流として豊川は鳳来寺山《ほうらいじさん》の西を下り、古戦場として名高い長篠《ながしの》の近くを通り抜け、新城を通って渥美湾に注いでいる。長さは七七キロに及んでいるが、純粋に愛知県下のみを流れる一級河川である。

「豊川郷」という郷名はすでに平安期に見える古い地名だが、この「豊川」という河川名は明治二年（一八六九）に「豊橋」という町名ができたのがきっかけで成立したのだという。それ以前は、美和川・穂の川・飽海《あくみ》川などとそれぞれの地域ごとに呼ばれていたらしい。

さて、この「豊川駅」（JR線）「豊川稲荷駅」（名鉄豊川線）の由来だが、ここに「豊川稲荷」があったことにちなむものであることは言うまでもない。豊川稲荷の名は全国にとどろいている。一度はやはり参拝しておかねばならぬ名刹である。稲荷というと、どうしても京都の稲荷大社を想起してしまうのだが、実はこの稲荷、曹洞宗の寺院であるという。これはかなり意外である。

正式には「豊川閣妙厳寺《とよかわかくみょうごんじ》」といい、嘉吉《かきつ》元年（一四四一）東海義易《とうかいぎえき》の開基によるとされる。禅師は千手観音を安置したが、その鎮守として境内に「吒枳尼真天《だきにしんてん》」を祀ったが、それが「豊川稲荷」と呼ばれることになったという。

豊川稲荷の法堂と鳥居

そもそもこの「吒枳尼真天《だき》」はどういうものなのか。これはインドの民間信仰に発するもので、胎蔵界曼荼羅の金剛院の外にいる夜叉のことで、人の死を六か月前に予知してその心臓を食うとされている。

何とも恐ろしい話だが、日本ではこの信仰は稲荷信仰と重なるといわれており、そこで初めて稲荷と結びついてくることになる。

信者は「唵尸羅婆陀尼黎吽娑婆訶《おんしらばったにりうんそわか》」と唱えると救われ幸福がもたらされるといわれる。意味はこうなる。

「この神咒《じんしゅ》（呪文）を唱える時は、わが信心は何処までも通じて正しき戒力により悪事災難は除かれて、福徳知慧を賜り、苦を抜いて楽となし、悲しみを転じて喜びとなすことが必ず成就する」

こんなご利益があればこそ、年間数百万の信者が参拝することになる。駅を降りて参道を行くと正面に明治一七年（一八八四）に改築された豊川閣総門が迎えてくれる。その奥には天保《てんぽう》年間に再建された法堂《はっとう》が見事なたたずまいを見せている。

駅としてはJRの「豊川駅」が古く明治三〇年（一八九七）創業だが、名鉄の「豊川稲荷駅」は昭和二九年（一九五四）にできている。

9 豊橋（とよはし）　豊川に架けられた橋の名前から

名鉄名古屋本線「豊橋駅」・JR東海道本線（新幹線）・飯田線「豊橋駅」

豊橋市一帯は江戸時代には「吉田宿」と呼ばれていた。江戸から数えて三四番の宿であり、名古屋方面に向かうと「御油宿」（35次）「赤坂宿」（36次）と続いた。記録としては大永《たいえい》二年（一五二二）には「吉田」とあり、それ以前平安時代から「吉田」は存在したものと見られている。

吉田という地名はどこにでもあるもので、多くは「葦の生えている田」程度の意味である。「葦」は元来は「アシ」なのだが、「アシ」は「悪シ」につながって縁起が悪いので、「葦田《よしだ》」になり、それがさらに「吉田」に転訛《てんか》したというのがどこにでも見られる経緯である。

吉田城の歴史は、大永二年（一五二二）豊川の一色城主牧野《まきの》古白《こはく》によって今橋城が築かれたのが最初という。その後江戸時代には「吉田城」と呼ばれ、一時期は秀吉の配下にあった池田《いけだ》輝政《てるまさ》（一五六四〜一六一三）が入城し、城の整備を行っている。

豊川駅から大通りを進み、市役所に突き当たったすぐ右隣が池田城の城跡である。建物の一部が復元されているが、天守閣などはない。眼下に豊橋を代表する豊川が流れており、軍事的にも効果的な砦《とりで》となっている。

その豊川を少し下ったところに、鉄筋でできた「豊橋《とよばし》」という大きな橋がある。この「豊橋」が「豊橋市」の起源となった。

この豊橋は慶長六年（一六〇一）家康が東海道の整備に当たって、東海道の五大官橋の一つとして架けたものである。当時は吉田大橋として一二〇間（二一六メートル）の長さであったという。その当時の橋は今の地点ではなく、さらに七〇メートルほど下流にいったところで、今は小さな公園として、かつての橋げたなどが保存されている。

明治二年（一八六九）六月一九日、版籍奉還に際して吉田藩は「豊橋藩」に改称された。吉田藩は伊予《いよ》にも同名の藩があったためともいわれるが、定かではない。そして同時に、従来の「吉田」という地名を「豊橋」と改めた。それはあくまでも豊川に架かる「豊橋《とよばし》」によるものであった。

「とよばし」より「とよはし」のほうが音がきれいだということで、その後「とよは

「豊橋《とよはし》」のルーツになった「豊橋《とよばし》」

し」と澄んで呼ばれるようになった、
ということである。

【2】下り方面

10 東枇杷島（ひがしびわじま）・西枇杷島　琵琶にちなんだ悲しい話

琵琶島をめぐる東西の駅は複雑な様相を示している。「東枇杷島駅」は名古屋市西区、庄内川をはさんだ向こう岸にある「西枇杷島駅」は清須市にある。もともとは庄内川をはさんだ同じ地域だったのだが、河川交通がすたれたことによって、行政的にも分断されてしまった例である。

東枇杷島駅は明治四三年（一九一〇）開業、西枇杷島駅は四年後の大正三年（一九一四）でそう大きくは変わっていない。しかし、一日平均乗車人員は東枇杷島駅が二七九一人（二〇一〇年）に比べて、西枇杷島駅は四〇〇〇人をようやく超える程度で大きな隔たりがある。東の方はそれなりに立派な高架の駅舎になっているが、西の方はホームの上に天井もない。だが、それが何ともいえぬ雰囲気を醸し出しているのだから不思議だ。

この「枇杷島」は江戸時代から有名なところで、『尾張名所図会』には、「枇杷島橋」の雄姿が描かれている。今は鉄筋の橋が架かっているが、庄内川を越えると左手に向かう一本の街道筋がある。これが東海道の宮宿（熱田宿）と中山道の垂井宿を結ぶ「美濃路」である。この美濃路に世に名高い青物市場が置かれたのは慶長年間（一五九六〜一六一五）のことであった。家康の命を受けて市兵衛と九左衛門の二人が青物市場を開いたのがその起源だという。この市は江戸時代に全盛を誇り、江戸の千住《せんじゅ》や大坂の天満《てんま》と並んで日本三大市場に数えられた。戦後の昭和三〇年（一九五五）になって市場が移転されて、今は面影すらなくしてしまったが、街道筋に山田九左衛門家が保存され、問屋記念館として現代の旅人の足をとめている。

この「枇杷島」の由来については、この地が「琵琶」に似ていたからとか、琵琶が多くとれたからだとかいう話もあるが、やはりここは琵琶にまつわる美しくも悲しい伝説によっておきたい。

その昔、京に藤原師長《ふじわらのもろなが》（一一三八〜九二）という著名な貴族がいた。師長は学識だけではなく、琵琶の名手でもあった。ところが師長は政局のなせるわざで、尾張のこの地に流されることになった。

この地で長者の一六歳になる美しい娘と恋仲となり仲睦まじく暮らしていたそうだ。ところがやがて師長は都に呼び戻されることになり、ついに別れのときが来てしまった。師長を見送った娘は、帰り道供の者の手を振り払って師長から預かった琵琶を胸に抱いて池に身を投げてしまったという話である。

こんな話があったことを思うと、枇杷島にもひとしお愛着を感じてしまう。

11 清洲（きよす） 名古屋のルーツになった町

名古屋本線「新清洲駅」・JR東海道本線「清洲駅」

「清洲駅」と「新清洲駅」は歴史的に相当混乱を極めている。駅名だけからすると、「清洲駅」よりも「新清洲駅」の方が新しいと考えられる。ところが実態は逆で「清洲駅」は昭和九年（一九三四）開業なのに対して、「新清洲駅」は昭和三年（一九二八）開業である。これはいったいどういうことなのか？

それに摩訶不思議なのは、「清洲駅」は清須市ではなく稲沢《いなざわ》市にあり、一方の「新清洲駅」は「清須市新清洲一丁目」にある。

まずは最初の謎、「清洲」と「清須」はどうなっているのかを解き明かしてみよう。わかりやすくいえば、「清洲城」と「清洲駅」「新清洲駅」は「清洲」なのに、なぜ市名は「清須」なのかという疑問である。

歴史的にはこの「清洲」「清須」はどちらも使われてきたというのが真実である。『清洲町史』によれば、一四世紀ごろの伊勢神宮の神領《じんりよう》を記した『神鳳鈔《じんぽうしよう》』という書物に「清須御厨《きよすのみくりや》」という表記があり、そのころから「清須村」と呼ばれていたという。

その「清須」が「清洲」に変わったのは一五世紀末のことで、尾張国の支配地が今の稲沢市の国府宮周辺から現在の清須に移ったことに伴うものだという。信長が清洲城を手に入れたのは弘治《こうじ》元年（一五五五）のことで、このあたりから城の名前は「清洲城」と称されることが一般的になった。

しかし、それ以降江戸時代にいたるまで、この地域は「清洲」「清須」の表記が交叉して使われている。幕末に書かれた『尾張名所図会』では「清須」と書かれている。

こう考えてくると、「清洲」でも「清須」でもどちらでもよさそうなのだが、地名研究の立場からいうと、「清洲」と「清須」では若干意味合いが異なってくる。「清」は文字通り「清い」でいいが、「洲」と「須」ではちょっとニュアンスが違ってくる。「洲」はその一文字で海沿いや川沿いの「砂洲」を意味している。それに対して「須」はそれ一字では意味をなさず、「スカ」地名の一部だと考えられる。「スカ」は多く「須賀」と表記される。神奈川県の「横須賀《よこすか》」はその代表だが、尾張出身の「蜂須賀小六《はちすかころく》」の「蜂須賀」なども一緒だ。また「須ケ口駅《すかぐち》」の「須ケ」も同じである。「スカ」は東日本で多く見られる地名で、西日本では「ス」のみで表記されることが多い。意味は同じ「砂洲」のことだが、「スカ」は他の漢字と組み合わされることが多いと言える。

清洲の地は、五条川沿いに発展した町で、やはり砂洲の地名によっている。今でいえば、液状化現象が懸念される地域である。

この土地の危険を感じて家康が名古屋に町ごと移転させたいわゆる「清洲越し」を敢行したのは、慶長一五年（一六一〇）のことである。

町名として「清洲」が正式に取り入れられたのは明治三九年（一九〇六）の「清洲町」の成立であった。それ以降、「清洲」が使われていたのだが、平成一七年（二〇〇五）の町村合併で、西春日井郡の清洲町・西枇杷島町・新川町が合併されて「清須市」になった。だから、今では市名としては「清洲」は誤りということになる。その背景はしごく単純である。「清洲市」にすれば、従来の「清洲町」が西枇杷島町と新川町を合併したという結果になり、二つの町から不満が出るので、せめて「清洲」をやめて「清須」にしたということだ。町村合併では複数の町村の利害がからんでくるので、従来ある地名をそのまま使うことは避けるケースが多く、その結果訳のわからぬ市名が登場することがあるのだが、さすがにここは「清須」というかつては使われていた地名を復活したということになる。

さて、問題を「清洲駅」と「新清洲駅」の年代の古さにもどそう。「新清洲駅」の方が古く（昭和三年）、「清洲駅」の方が新しい（昭和九年）のはなぜか、という問題である。問題を解く鍵は「清洲駅」の歴史にある。

現在の清洲駅は昭和九年（一九三四）に開業したことになっているが、実はその前史があった。そのルーツをたどると、初代「清洲駅」は現在地ではなく、現在のＪＲ

「枇杷島駅」のところに明治一九年（一八八六）に「清洲駅」として開業している。そして明治三九年（一九〇六）にその駅を「枇杷島駅」と改称している。

つまり、「清洲駅」はかつては今の「枇杷島駅」であり、そのルーツをたどれば、名鉄の「新清洲駅」より古くなるという話である。

このところの事情は相当にややこしい。でもそんな中に尾張名古屋の歴史が垣間見えてくる。

12 国府宮（こうのみや）はだか祭で知られる尾張国の中心地

「国府《こう》駅」の項でも紹介したが、名鉄本線には「国府」がつく駅名が二つもある。「国府駅」とこの「国府宮駅」である。三河国の国府と尾張国の国府をつないでいるというだけで、名鉄が大いに誇っていい快挙である。

まず国府宮という神社の歴史的意義を述べておこう。この神社は正式には「尾張大《おお》國霊《くにたま》神社」という。この神社は尾張国の「総社」である。「総社」は「惣社」とも書き、「そうじゃ」「そうざ」などと読む。

奈良時代に国司が各国に赴く際、留意せねばならぬことがあった。当時聖武《しょうむ》天皇の命のもと、各国に国分寺と国分尼寺が置かれ、そこが政治の中心であると同時に文化学問の中心とされた。当時の仏教は外来の宗教であり、当然のことながら地元との軋轢《あつれき》も予想された。

そこで各国を治める国司は、従来その地に祀られている神社を尊重しなければならなくなる。ケンカを売るわけにはいかないのである。そこで、国司は国に入ると、その地の有力な神社を「表敬訪問」することになる。しかもその順序は決まっていて、トップの神社を「一宮」として以下「二宮」「三宮」……と「六宮」くらいまで訪問したらしい。

尾張国の一宮は現在の一宮《いちのみや》市にある真清田神社がそれである。二宮は犬山市にある大縣《おおあがた》神社であった。

これはどの国でも行われていたことだが、しかし、それも時を経てくると、その都度順番に神社を回るのは大変ということになり、つまるところそれらの神社を一括して勧請した新しい神社を設け、そこに参拝することで表敬訪問を終えるシステムに変わっていった。これもわかる道理ではある。

その一括して勧請した神社を「総社」「惣社」と名づけたのである。この「総社」は国衙が置かれた近くにどこでも置かれたもので、尾張国の場合、この国府宮は総社に当たるという話である。

尾張国の国衙はこの国府宮の西側の住宅地の中にあったとされ、公民館の敷地にその記念碑が建てられている。

国府宮のはだか祭は日本三大奇祭の一つといわれ、毎年旧正月の一三日に行われる。一度見てみたいと思いながら果たせていなかったので、取材のために訪ねてみた。幸いなことに、稲沢市の町内会に裸の男たちが集まるところから数時間にかけてその祭を追うことができた。最後の神男《しんおとこ》が登場する神社の前では何万もの人々でとても見物というわけにはいかなかったが、それにいたる町中の行事に胸に響くものがあった。

町内の集合場所に集まった男たちは時には小学生以下の男の子も交えて町内を裸のままで練り歩く。すると、町内のあちこちにおにぎりや酒をふるまう地域の人々が出て迎え、男たちを歓待する。真冬の厳寒の時期に裸で町中を歩き回るのである。とて

国府宮に向かう男たち

国府宮に集った数千人の男たち

も私ごときにできることではない。

そんな古いしきたりを守って伝えている地域の人々の姿を見て、思わず胸にジーンとくるものがあった。「まだ日本は大丈夫だ！」という思いだ。

そのような男たちのグループが各地から集まり、すべて国府宮に集結する。それは豪壮で勇敢な男たちの舞台である。

名古屋周辺にはこのような信仰生活が色濃く残っている。これは尾張の紛れもない伝統と文化である。

13 一宮（いちのみや）全国の一宮駅のメッカ

名古屋本線「名鉄一宮駅」・JR東海道本線「尾張一宮駅」

全国に「一宮」「一ノ宮」を名乗る駅は以下の八つである。

上総一ノ宮（JR外房線）　千葉県長生郡一宮町一宮

遠江一宮　（天浜線）　静岡県周智郡森町一宮
三河一宮　（ＪＲ飯田線）　愛知県豊川市一宮町下新切
尾張一宮　（ＪＲ東海道本線）　愛知県一宮市栄
名鉄一宮　（名鉄名古屋本線）　愛知県一宮市新生
西一宮　（名鉄尾西線）　愛知県一宮市天王
備前一宮　（ＪＲ吉備線）　岡山県岡山市北区一宮
土佐《とさ》一宮《いっく》　（ＪＲ土讃線）　高知県高知市一宮徳谷

先に、「国府」がつく駅名が名鉄本線に二つもあることを示したが、この「一宮」駅でも愛知県は圧倒的な存在感を誇示している。全国で八つしかない「一宮」駅のうち、「三河一宮」「尾張一宮」「名鉄一宮」「西一宮」と愛知県で四つも占めている。しかも、「遠江一宮」はすぐ隣となると、この地域で半分以上もの「一宮駅」を占めていることになる。これもすごいことだ。

これらのうち、遠江一宮・三河一宮・西一宮・備前一宮・土佐一宮の駅は無人駅で規模が小さい。かなりの乗客を集めているのは、上総一ノ宮駅三〇五二人（乗車人

員、二〇一〇年)、尾張一宮駅二万六三〇六人(乗車人員、二〇〇九年)、名鉄一宮駅三万四一七二人(乗降人員、二〇〇八年)である。

いずれも一日平均である。駅によって「乗車人員」「乗降人員」と基準は異なっていることが多いが、全国の「一宮駅」の乗降客の九十数パーセントが「尾張一宮駅」と「名鉄一宮駅」で占められていることがわかる。これも自慢していい数字である。しかも、この「尾張一宮駅」と「名鉄一宮駅」は隣接しており、駅舎もほぼ一体化しているため、乗換もすこぶる便利で、この二つの駅を合わせて「一宮総合駅」と呼ばれることもある。

駅を降りてしばらくアーケード街を行くと、尾張国一宮の真清田神社に出る。言うまでもなく、尾張国トップの神社である。平安期の『延喜式』では「真墨田神社」とされているが、北を流れる木曽川の清流にちなんで今は「真清田神社」と表記している。この神社のご祭神が「天火明命《あめのほのあかりのみこと》」であり、それが「饒速日尊《にぎはやひのみこと》」に由来し、「日の本」を意味することは別に述べたので参照いただきたい(『名古屋 地名の由来を歩く』)。

14 岐阜（ぎふ）　信長が命名した楽市楽座の町

名古屋本線・各務原線「名鉄岐阜駅」
ＪＲ東海道本線・高山本線「岐阜駅」

名鉄岐阜駅は名鉄本線のターミナル駅である。名古屋をはさんで豊橋・岐阜間のおよそ一〇〇キロの鉄道の旅である。歴史をたどると、つい最近平成一七年（二〇〇五）二月一七日にそれまでの「新岐阜駅」を現在の「名鉄岐阜駅」に改称している。これは中部国際空港（セントレア）の開港に合わせて行ったものだが、この空港をオープンするに当たって、名鉄路線が直結することになり、名鉄のイメージを強くしたのではないかと思われる。

いずれにしても、名鉄岐阜駅は最近まで「新岐阜駅」だったわけだが、「新」とつけざるを得なかったのには、当然その理屈がある。ＪＲの「岐阜駅」の方が古かったからである。

ＪＲ岐阜駅のルーツは明治二〇年（一八八七）にさかのぼる。当時は「加納《かのう》駅」の名称で開業した。今の名鉄加納駅とは別物である。もともとこの一帯は加納という地名の方が強かったところであり、金華山の麓に広がる岐阜の街の南外れにあった。この「加納駅」が「岐阜駅」に改称されたのは翌二一年（一八八八）のことである。

それに対して名鉄の「新岐阜駅」が開業したのは大正三年（一九一四）のことだから、名鉄の方が新参者ということになる。それ以来約九〇年にわたって「新岐阜駅」の名前が使われてきたことになる。

岐阜駅のホームから駅前を見渡すと、岐阜という街がいかに巨大であるかがわかる。人口は四一万を超え、駅前には信長の像が建てられて活気に満ちている。

信長が斎藤《さいとう》氏を滅ぼして金華山の稲葉山城に入ったのは永禄一〇年（一五六七）のことである。信長は城下に「楽市楽座」を設けて、広く商業発展政策を講じ、その結果岐阜は天下に名をとどろかせ、大いに栄えることになった。

「岐阜」という地名は信長が命名したもので、中国の「岐山《きざん》」に依拠したものである。「岐」とは「岐路」「多岐」というように「分かれる」という意味である。「阜」は「大きい岡（丘）」という意味であり、つまるところ、「岐阜」とは「左右を見分けることのできる大きな岡」なのである。

それは一度でも金華山に登ってみればよく理解される。金華山の山頂からは西には伊吹山から東は名古屋駅前のツインタワーまで手にとるように見える。一度は登ってみてほしい山である。信長の先見性が見えるようである。

第四章

名古屋鉄道　知多・東部方面

【1】三河線

1 猿投（さなげ）　投げられた猿が逃げた？

豊田市に「猿投」という珍しい地名があることは折に触れて耳にした。「猿投」と書いて「さなげ」と読む。いったいこれはどう考えたらいいのだろうか？

「猿」がついた地名は全国的にみればいくつもある。群馬県に「猿ケ京《さるがきょう》」という温泉がある。まさに猿が出てきておかしくない山の中だが、実際は猿に由来するのではなく、「去ケ峡《さるがきょう》」であって、遠く離れた山間の地を指していると考えられている。同じく青森県尾上町《おのえまち》（現在は平川市）の「猿賀《さるか》」、新潟県柿崎町（現在は上越市）の「猿毛《さるげ》」、大分県宇佐《うさ》市の「猿渡《さるわたり》」も同様の意味である。

それに対して、山梨県大月《おおつき》市にある「猿橋《さるはし》」というのは、ある僧が猿の渡る橋と命名したことに由来すると見られている。

この「猿投」はいったいどちらの解釈が正しいと言えるか。「峡（さ）」「去る」という地形に由来するのか、あるいは「猿」に由来するのかという選択である。「猿投」の由来が「猿投山」とその麓にある「猿投神社」にあることについては郷土史家の間でも意見は一致している。吉田茂樹氏は「サ」は接頭語で、「なげ」は「長い」のことで、横に長く横たわっている「猿投山」に由来すると見ている（『日本地名大事典』）。

そうであるかもしれないが、それだけで終わりにするには、あまりにももったいないほどの歴史がこの地には伝わっている。

猿投駅には初めて足を記《しる》した。終着駅なので小さな駅かと思っていったのだが、とんでもない、なかなか立派で近代的な駅舎である。そこから猿投神社までは車で一五分くらいかかる距離だ。神社でいただいた由緒記には、次のように書いてある。

景行天皇五三年天皇が伊勢国へ行幸、常に猿を愛し玉座に侍せしむ。猿の不祥あり。天皇にくみて伊勢の海に投げ給ふ。其の猿、鷲取山に入る。日本武尊東征の時、壮士三河国より来たりて従う。平定の後、尊に曰く、先に慈恩を蒙れる猿なり。勅恩

に報ずる為、扈従《こじゅう》し奉ると言い終わって鷲取山に入る。猿投山の称、是より起る

つまり、景行《けいこう》天皇が伊勢に行ったとき、不祥事を起こした猿を海に投げたところ、その猿は鷲取山に逃げ込んで、そこから「猿投山」という名前がついたのだという。この話を単なる伝説として聞き流すのはむしろ問題である。

注目したいのは、猿投神社の主祭神が「大碓命《おおうすのみこと》」であることだ。この「大碓命」は景行天皇の第一皇子で「小碓命《おうすのみこと》」である日本武尊とは同胞双生児の関係にある。日本武尊はまず西国の平定を終えて大和に帰ったところ、景行天皇より、東国の平定に行くよう命を受ける。さすがに日本武尊は「今度は兄の大碓命が行くべきでしょう」と進言したが、大碓命は叢に隠れて行こうとしない。そこでやむを得ず日本武尊が東国に出向くことになるのだが、大碓命は美濃国を与えられ、その支配に赴くことになる。

その大碓命がこの猿投神社に祀られているのは単なる偶然とは言えない。猿投山を越えればすぐ多治見《たじみ》になり、旧美濃国である。しかもこの猿投神社は景行天皇の孫にあたる仲哀《ちゅうあい》天皇の勅願で創建されている。

猿が出てきそうな猿投神社

やはり、この神社には「猿」にちなんだ何かが隠されている。この神社には古くから伝えられている「棒ノ手」という儀式がある。これは表型では棒、木刀を使い、裏型では真剣・槍・長刀を使って戦うものである。この激しさは猿に通じるものがある。「猿」の本意は「木の枝を引っ張って上る猿」のことで、やはり相手との駆け引きに通じるものがある。

結論としては、この「猿投」やはり「猿」にひっかけて考えた方が深くなるということである。

2 上挙母（うわごろも）『古事記』にも名が出る

「豊田市」が誕生したのは戦後の昭和三四年（一九五九）のことである。言うまでもなく、その市名はトヨタ自動車の本社があったことによる。それ以前は「挙母市《ころも》」であり、古代よりこの地域は「挙母」と呼ばれていた。この事実は愛知県以外の人はほとんど知らないだろう。「挙母」を「ころも」と読むことも何となくミステリアスな感じがする。

「上挙母駅」周辺は工場が立ち並び、歴史的なものは見るものもないが、「豊田市駅」の近くには「挙母神社」や「挙母小学校」などが残されている。江戸時代、この地域は「挙母藩」の治める地域であり、そのルーツは慶長一九年（一六一四）この地に三宅氏が挙母城を築城したことに始まる。明治二五年（一八九二）に挙母村は挙母町に、さらに昭和二六年（一九五一）には挙母市に昇格する。

さて、この「挙母」がなぜ「ころも」と呼ばれるようになったかである。この経緯は謎に包まれているが、はっきりしていることは古代には「衣」と書かれていたことだ。

『古事記』の垂仁《すいにん》天皇記には、「落別《おちわけ》の王は小月《をづき》の山の君・三川《みかわ》の衣《ころも》の君が祖ぞ」とある。つまり、ここにいう「落別の王」なる人物は三川（三河）の「衣」氏の祖であると言っているのである（新潮日本古典集成『古事記』）。それ以降、この地は「衣」もしくは「挙母」と呼ばれてきた。

もともとはやはり「衣」であったと推測され、この地が衣にちなむ生産地であったように考える説もある。確かにその通りであるように見える。

問題はその「衣」がなぜ「挙母」と表記されるようになったかである。「衣」は文字通り「衣服」以外の意味はない。「母を挙げる」というのはいったいどういうことなのか。

漢和辞典を見ていたら、「母衣」と書いて「ほろ」と読む言葉を発見した。意味は①「昔、矢を防ぐため、よろいの背に負った布製の袋状のもの」、②「車などの風雨や日光よけのおおい」という意味なのだそうだ。

これを見て思うことは、「衣」というのは身体を包んで外部から守るものであって、「母」も子どもを衣で守る役目を負っていたということである。「母を挙げる」というのはそのような母の優しさを象徴的に表したのではなかろうか。これはあくまでも推測の域を出ないが、そう考えると古代人の人への思いが今に伝わってくる。

さて、話を現代に戻す。「挙母市」から「豊田市」に移った経緯である。昭和三三年（一九五八）に挙母商工会議所同志一同から挙母市を豊田市に変更する請願書が出され、市名の変更問題が浮上した。理由は単純で、この田舎町にトヨタ自動車が創業して大きな躍進を見たので、このトヨタ自動車を大いに宣伝して市の発展を期そうというものであった。

これはこれでわかりやすく、しかも市民の多くがトヨタ自動車に勤務していたという事情もあった。結果は成功して、豊田市は愛知県の中でも最も活気のある町に変身している。

3 刈谷（かりや）　昔「仮屋」だったところから？

名鉄三河線「刈谷駅」・「刈谷市駅」　ＪＲ東海道本線「刈谷駅」

「刈谷市駅」を降りて、亀城《きじょう》公園（旧刈谷城跡）に歩いていくと、交差点に「銀座四丁目」という表示があった！　「えっ⁉　ここに銀座四丁目があるの？」といった感じだった。地図上では「銀座」という町名があることは知ってはいたが、まさか「銀座四丁目」の交差点まであるとは……、愛知県なかなかやるな、というのが率直な感想だった。

そこからさらにお城に向かっていくと、右手に瀟洒《しょうしゃ》でレトロな小学校の校舎が見えてくる。旧亀城小学校本館だったのだが、今は郷土資料館になっている。木造で昭和三年（一九二八）に建てられたもので、見事である。

そのすぐ先がもう亀城公園で、このあたりがかつての刈谷の城下町の中心地であったところだ。

刈谷市は愛知県のほぼ真ん中に位置し、昔風にいえば三河国の西端に当たり、境《さかい》川をはさんで隣は尾張の大府《おおぶ》市と豊明《とよあけ》市に隣接している。北部には三河と尾張の師範学校を統合してできた愛知教育大学があるが、町全体としてはトヨタグループの主要企業が集まる日本有数の自動車工業都市である。人口も年々増加し、今一四万を超えている。全国的に人口が減っていく都市がほとんどの中では、見事な発展を遂げていると言える。

さて、この刈谷市は「刈谷」という名がつく駅が三つある。「刈谷駅」はJR東海道本線と名鉄三河線にある。これは隣接していて、駅の南側は「みなくる刈谷」として整備がされている。「みなくる」とは「みんなが来る」と「ミラクル」をかけたのだそうだ。ここにも愛知県人のセンスが光ってみえる。

ルーツをたどると、明治二一年（一八八八）に官設鉄道として開業し、二八年（一八九五）に東海道線の所属となっている。一方名鉄の「刈谷駅」は大正三年（一九一四）に「刈谷新駅」として開業している。昭和二年（一九二七）に「刈谷新駅」は国鉄の「刈谷駅」に統合されているので、それ以降は「刈谷駅」として二人三脚の歩みを続けてきていると言ってよい。

「刈谷市駅」は三河鉄道が開通した大正三年（一九一四）に今の「刈谷駅」（名鉄三河線）と同時に開業している。当時は東海道の「刈谷駅」に対して「刈谷町《かりやまち》駅」とされたが、昭和二七年（一九五二）に刈谷町が刈谷市に昇格したことによって「刈谷市駅」と改称された。

さて、この「刈谷」という地名について述べてみよう。どう考えてもこの「刈谷」という漢字ではイメージが湧いてこない。「刈る谷」では意味不明なのである。

ここはその昔は「亀村」と呼ばれていたが、元慶《がんぎょう》元年（八七七）、出雲《いずも》国から苅谷出雲守がこの地に移り、それから「苅谷」という地名になったという伝説がある。つまり、苅谷という人物によるものだということである。しかし、郷土史家の間では、これはあくまで伝説であると考えているようだ。

文献的には応永《おうえい》一六年（一四〇九）の熊野檀那職譲状写に「一所借屋郷」とあるのが初見とされる。その後でも「苅屋」「雁屋」のように、多くは「谷」ではなく「屋」

を使っている。『信長公記』でも「小河かり屋」と記されている。

現に室町期〜戦国期においては三河国碧海郡「苅屋郷」であった。戦国期の『宗長手記』には「舟にて、同国水野和泉守館、苅屋一宿」とある。この「苅屋」は地名であるが、「仮屋」とも読めそうだ。

つまり「苅谷」「刈谷」は単なる当て字で、元は「仮屋」ではなかったか。同じような例が常滑市《とこなめ》にもある。常滑にも「苅屋」という地名があり、そこでは源頼朝《みなもとのよりとも》が来て「仮屋」を設けたことにちなむという（『知多郡誌』）。この事例にならえば、「刈谷」は間違いなく「仮屋」に由来する地名であると言ってよい。

かつては小学校だった郷土資料館

公園の一角にある豊田佐吉像

4 安城（あんじょう）「安祥」から「安城」へ

名鉄西尾線「北安城駅」・「南安城駅」・「新安城駅」
名鉄名古屋本線「新安城駅」 ＪＲ東海道本線「安城駅」
新幹線「三河安城駅」

「安城」（安祥）は家康ゆかりの地である。というよりも、家康から始まった徳川《とくがわ》家の元になった松平《まつだいら》家のルーツと言うべきかもしれない。
家康が天文《てんぶん》一一年（一五四二）岡崎城主松平広忠《ひろただ》の長男として生まれたことは知られている。だが、その松平家とはいったい何なのかについては、あまり知られていない。その松平家と安城とが深いつながりを持っているのである。

まず確認しておこう。「徳川家」は最後の将軍慶喜《よしのぶ》で歴史上の任務を終えたかに見えるが、実は今もその子孫は徳川家を継承している。確認したいことは一つ。「徳川」という呼称は家康が初めて使ったということである。その意味では徳川家は家康を祖とすると言っても過言ではない。しかし、その徳川家のルーツは、もともと三河の松平郷に出自を持つ「松平親氏《ちかうじ》」であった。これが「松平宗家」と呼ばれる家門の起源で、以下次のように松平家は続く。

①親氏―②泰親《やすちか》―③信光《のぶみつ》―④親忠《ちかただ》―⑤長忠《ながただ》―⑥信忠《のぶただ》―⑦清康《きよやす》―⑧広忠―⑨家康

したがって、家康は松平家の九代目として誕生したので、本来は「松平家康」であった。姓を「徳川」に変えたのは永禄九年（一五六六）のことで、家康二四歳のときのことである。

実はこの松平家の系譜の中で、四代目の「親忠」が「安城松平」と呼ばれ、この安城に居城していたのである。だから、この安城は徳川家とその祖である松平家と深い縁があることになる。

安城市に「藤井《ふじい》」という町名があるが、この藤井には「親忠」の孫に当たる「利長《としなが》」が居城し、そこに伝わる系譜は「藤井松平家」と呼ばれて、江戸時代に入っても全国各地に「松平家」は派遣されていく。これも家康ゆかりの地であることによるものである。

藤井松平家は、天正《てんしょう》一八年（一五九〇）下総《しもうさ》国布川《ふかわ》に移り、さらに慶長六年（一六〇一）常陸《ひたち》国土浦《つちうら》城に転封されている。いずれも家康が江戸に移ることになったからである。

さらに江戸時代になると、駿河《するが》国田中《たなか》藩、遠江《とおとうみ》国掛川《かけがわ》藩、丹波《たんば》国亀山《かめやま》藩、武蔵《むさし》国岩槻《いわつき》藩、但馬《たじま》国出石《いずし》藩、信濃《しなの》国上田《うえだ》藩にまで力を広げることになる。

南安城駅から南東へしばらく行くと、安祥城址がある。今は本丸跡に大乗寺《だいじょう》というお寺があるだけで、ほとんど見るべきものもないが、「安祥城址」という石碑だけは立派に建てられている。この城は永享《えいきょう》年間（一四二九〜四〇）に和田氏の館として築かれたと伝えられるが、先に述べたように安城松平四代（親忠・長忠・信忠・清康）の居城となったところである。

隣りには市立の歴史博物館が立派にできており、安城市の地域の歴史への関心をうかがわせる。

さて、この安城の起源、かつては「安祥」と呼ばれていたが、その後「安城」に変わったという説が一般的だ。大同《だいどう》三年（八〇八）の記録には「安祥村」と記されており、その当時は「安祥」と書かれていたが、天文《てんぶん》一五年（一五四六）あたりから「安城」の文字が使われている、と平凡社の『日本歴史地名大系23　愛知県の地名』には書かれている。さらに郷土史家の研究をさぐると、江戸時代でも「安祥」と「安城」の表記は混用されているとのことである。

博物館を出て、いざJRの駅に向かおうとしたら、すぐ左手に公民館が目に入った。何気に見るとその名前は「安祥公民館」となっている。「うん？……」と思って玄関をくぐってみた。「安祥」とはどう読むのかが気になったのである。「あんしょう」なのか「あんじょう」なのか……。

私はてっきり今が「安城」なのだから「あんじょう」だと思ったが、聞いてみたら「あんしょう」だという。やはり「安祥」は「あんしょう」なのだ。当然のことながら「安祥城」は「あんしょうじょう」なのである。

安城で忘れてはいけないことの一つ。家康に仕え江戸の町で活躍した大久保彦左衛《ひこざえ》門《もん》（一五六〇〜一六三九）もこの地の出身である。大久保彦左衛門の正式名は大久保忠教《ただたか》といい、今の東京御茶ノ水駅の近くの駿河台に屋敷を構え、隠居後は今の港区の八芳園《はっぽうえん》に居宅した。その大久保のもとで活躍したとされる一心太助という魚商人がいた。だがこの人物は大久保政談の中で形づくられた架空の人物ということになっている。

もう一つ忘れてはいけないのは、近代に入ってこの地に明治用水が引かれ、この安城は日本で初めてデンマーク式の近代農業を導入した地域であるということだ。昔「駅弁」の研究をしたことがあり、全国の駅弁を収集した。その中に新幹線の「三河安城」で売られていたのが「Ｏｈ！デンマーク」という駅弁であった。駅弁からでもその土地の歴史が見えてくるという証であった。今となっては懐かしい。

家康ゆかりの安祥城址

5 吉良吉田（きらよしだ）「吉良」の由来は「雲母《きらら》」から

名鉄西尾線・蒲郡線

吉良吉田といえば、かの高家吉良《きら》上野介《こうずけのすけ》義央《よしなか》公のお膝下である。元禄《げんろく》一四年（一七〇一）に起こった赤穂城主浅野《あさの》長矩《ながのり》の江戸城内での刃傷事件の後、翌年討ち入りによって殺害された人物である。その後ドラマ化され「忠臣蔵」「赤穂浪士」など、吉良上野介は一方的に悪者にされてきた感があり、非常に残念だ。日本人の中には勧善懲悪を好む体質があり、それが歴史上の人物にもあてはめられた典型的な例で、歴史を見る目を曇らせてしまっている。

信長と明智《あけち》光秀《みつひで》との確執を勧善懲悪の視点で見ることは不可能だ。いずれにも生き方があり、どちらが善で悪かという発想は全く意味を持たない。しかし、この吉良と浅野の場合は一方的な評価になってしまっている。

まず私たちが吉良の里を訪れる際に準備すべき心構えは、このような視点に惑わされることなく、実際の姿を見てみることだ。

最初に行くべきは吉良の代々のお墓がある華蔵寺《けぞう》という臨済宗のお寺である。名鉄線のどの駅からも歩いて行ける距離ではない。西尾駅からタクシーで行くこと十数分、華蔵寺に着いた。ここには吉良義康から義央の継嗣義周《よしちか》まで吉良家六代の墓が残されており、とりわけ義央の墓前には線香の香りと花が絶えない。

もともと吉良家のルーツは清和源氏で、源義家《よしいえ》（八幡太郎）の孫に当たる足利義康《あしかがよしやす》を初代にしている。義康は父から下野《しもつけ》国足利庄（今の栃木県足利市）を贈与されて拠点とした。後の足利幕府を担う足利氏のルーツもここである。

三河の吉良氏はこの足利の流れから誕生した。足利義康の孫に当たる足利義氏《よしうじ》という人物が三河国吉良荘を与えられて赴任したのが吉良氏の発祥となる。義氏はこれを機に「足利」姓を改めて「吉良」姓に変えている。言うまでもなく、この地が「吉良」という地名であったからだが、この「吉良」という地名にはどんな謎が隠されているのだろう？

実はこの「吉良」という地名は、「雲母」に由来するというのが定説になっている。「雲母」というのはアルカリ性金属・鉄・アルミニウムなどを含む六角板状の結晶で、うすくはがれる性質を持っている。その光沢が美しいことから「きらら」とも呼ばれている。つまり「雲母」イコール「きらら」なのである。これも日本人の美的センスのなせる業《わざ》と言っていいだろう。「雲母」を「きらら」などと読ませるあたり、やはり日本人の感覚には誇っていいものがある。

その「きらら」から「吉良」という地名が生まれたことを知って義氏は「吉良」に姓を変えたのである。実際、この地には雲母がとれたという証拠がある。平安時代に出された『続日本紀』の元明《げんめい》天皇記には和銅《わどう》六年（七一三）大倭・三河の両国から「雲母《きらら》」を「輸納」させたと書かれている（講談社学術文庫）。

その雲母がとれたのは旧吉良町の北部に当たる八《や》ツ面《おもて》山（別名きらら山）であったとされている。

華蔵寺からさらに北にしばらく車を走らせると、義央が築いたという「黄金堤《こがねづつみ》」がある。このあたりは昔「鎧ケ淵」と呼ばれる沼地となっており、しばしば近くを流れる矢作川による洪水に悩まされていた。義央はこの谷に全長一八〇メートル余りの堤防を一夜にして築かせたといわれ、その結果稲穂が豊かに実るようになったので「黄金堤」という名が起こったという。

かの江戸城内刃傷事件で義央にお咎《とが》めがなかった背景には、このような治水工事で

今も花が絶えない吉良家の墓

黄金堤の前に建つ上野介像

高い評価を受けていたという事情もあったとも言われている。また、この地は全国的にも有名な塩田地帯で、その意味でも赤穂と競っていたともいわれる。

6 西幡豆(にしはず)・東幡豆 日本武尊の「旛頭」が遭難した

名鉄蒲郡線

吉良吉田駅で蒲郡線に乗り換えて蒲郡に向かう路線はローカルそのままの旅情を今に残す趣のある鉄道である。この沿線は愛知県でも海岸の美しさでは上位に数えられるだろう。「三河鳥羽《みかわとば》」の次に「西幡豆」「東幡豆」と続くように、古来このあたりは三河国「幡豆郡」であった。「幡豆」は「羽豆」とも書かれ、「羽豆さん」という方はけっこういる。

この「幡豆」という地名が吉良町宮崎《みやざき》にある「幡頭神社」にゆかりあって生まれたという話を聞いて足を運んでみた。吉良吉田駅から車で一〇分程度行くと吉良温泉に着く。温泉街だと思いこんでいた私は思い切り裏切られることになった。温泉街では

旛頭を祀った幡頭神社

なく、三河湾を遠く見渡す山の中に高級ホテルが点在する一大リゾート地であった。三河湾の眺望が素晴らしく、愛知県にもこんなふうに山の上から海を眺望できるところがあるのかと、一気に三河が好きになった。

幡頭神社はそのリゾート地の手前の集落の中にある。集落といっても山の中腹に家々が点々と散らばっている感じで、この神社からの眺望も素晴らしい。

境内に社伝の抜粋が記されている。

大宝二年（七〇二）の創建と伝えられる式内社である。

祭神は東征の勅命を受けた日本武尊《やまとたけるのみこと》の旛頭《はたがしら》の役を勤めた建稲種命《たけいなだねのみこと》で、東征の帰路駿河湾で遭難、蛭子《えびす》岬に漂着した遺骸をこの地に葬ったという。以来この地を旛頭といい、幡豆と書くようになったとも言われる。

ここに登場する建稲種命は尾張氏の祖とも言われる人物で、かの熱田神宮に祀られている五柱の一人である。その命が東征の「旛頭」を務めたところから「幡豆」という地名が生まれたというのである。そして幡頭神社の本殿は天正《てんしょう》八年（一五八〇）

の建築で桃山時代の様式を今に伝え、国の重要文化財に指定されている。やはり愛知県は一味も二味も違っている！

幡頭神社の階段をずっと下ってまっすぐ下り切ったところに「蛭子社」があり、その先の岬が「蛭子岬」である。幡頭神社がある一帯は「宮崎」という町名だが、蛭子岬一帯は「宮の前」であるところから「宮前」と呼ばれている。

7 蒲郡（がまごおり）典型的な合成地名

名鉄蒲郡線「蒲郡駅」　ＪＲ東海道本線「蒲郡駅」

雪がなぐりかかってくるような真冬の日、蒲郡の竹島を往復して、駅前の小料理屋に入って話を聞いていると、鉄道唱歌の話になった。そういえば、この蒲郡も唱歌に唄われていたのだった。

「鉄道唱歌」はかの「汽笛いっせい新橋《しんばし》を～」で始まるものだが、実は全国にわたって三〇〇以上の歌詞からなっている。できたのは明治三二年（一八九九）のことである。作詞は大和田建樹《おおわだたけき》、作曲は2バージョンあるが多梅稚《おおのうめわか》のものが一般的とされる。

新橋に始まって東海道を下ってくるが、その三〇番はこうなっている。

豊橋おりて乗る汽車は
　これぞ豊川稲荷道
東海道にてすぐれたる
　海のながめは蒲郡

ここにあるように、東海道沿いでもこの蒲郡は海の眺めが格別によいとされている。

さて、この「蒲郡」の地名だが、意外にあっさりしている。明治一一年（一八七八）宝飯《ほい》郡の「蒲形村」と「西之郡村」が合併した際、双方の「蒲」と「郡」をとって「蒲郡」とした。いわば典型的な合成地名ということになる。「蒲郡町」になったのは明治二四年（一八九一）、「蒲郡市」に昇格したのは昭和二九年（一九五四）のことである。

ただ、注目すべきなのは、古代の地名が今の駅名に残っていることである。七世紀後半から八世紀の木簡に三河の「方原」「美養」の地名が見えるという。この「方原」は今の「形原」（名鉄線）で駅名として残っている。また「美養」は今の「三谷《みや》」で、これも「三河三谷」駅（JR東海道本線）として残っている。やはりすごいところなのだ。

【3】河和線

8 半田（はんだ）「ごんぎつね」（新美南吉）のふるさと

名鉄河和線「知多半田駅」　ＪＲ武豊線「半田駅」

「半田」に関しては、その駅名・地名よりも、まず述べておきたいことがある。それは新美南吉《にいみなんきち》についてである。この半田は新美南吉のふるさとなのだ。新美南吉といえば、ある年齢以下の日本国民で知らない人はいないはずだが、小学校で学んだだけの人が多いから忘れてしまっているかもしれない。しかし、新美南吉の名前は忘れても、小学校時代に国語の教科書に載っていた「ごんぎつね」という作品は記憶の隅にあるに違いない。

「ごんぎつね」という作品は戦後間もなく国語教材として取り上げられ、昭和五五年（一九八〇）以降、我が国で発行されているすべての教科書に掲載されている教材で、いわば真の国民的ベストセラーとも言える作品である。多くのバリエーションがあるので、微妙に違う部分もあるが、およそ次のような話である。

昔、兵十《ひょうじゅう》という若者が年老いた母親と暮らしていた。病気がちな母のために兵十はうなぎを取って食べさせようとしたのだが、いたずら好きのごんはそのうなぎをかすめてしまう。うなぎを食べることができなかった母はやがて亡くなってしまった。ごんはその葬儀を見て、うなぎを取ってしまったことを深く後悔する。そこで、ごんはつぐないをするためにひっそりと兵十のもとに栗や松茸などを届け続けた。

兵十は誰が届けてくれるかわからず不思議に思っていたのだが、ある日偶然にごんぎつねを発見してしまう。そしてあのにっくききつねめと思い、鉄砲でごんを撃ってしまう。ところがふと見ると土間に栗が置いてあるのに気づいた。

そして以下の件《くだり》で終わる。

「ごん、おまえだったのか。いつも、くりをくれたのは。」

ごんは、ぐったりと目をつぶったまま、うなずきました。

兵十は、火なわじゅうをばたりと、取り落としました。青いけむりが、まだ、つつ口から細く出ていました（『新しい国語　四下』東京書籍）。

ごんと兵十の心の動きをとらえる感動的な民話として、小学校の国語教材としては不動の地位を占めていると言ってよい。

偶然に名古屋在住の方の小学校四年のとき書いたという「ごんぎつね」についての感想文を見ることができた。最後の件について、こんな感想が綴《つづ》られていた。

ごんは兵十と友だちになりたかったと思います。人間でも友だちになりたいからってなにかものをあげる人もいると思います。でも、ごんは決して、兵十に友達になりたいだけで、反省しないでやっているわけではありません。そのぎゃくで、反省している中で友だちになりたいと思っているのです。でも兵十とごんは友だちになれなかったわけではありません。最後兵十が、「ごん、お前だったのか。いつもくりをくれたのは。」といってからごんがうなずくまでのいっしゅんに友だちになれたのです。

きっとごんは天国へ行っても兵十をにくみはしないでしょう。

これも感動的な感想文である。子どもの豊かな感性とイマジネーションがあるからこそこのような感想文が書けるのである。そして重要なことは、これほどまでに子どもたちに大きな感動と感銘を与えてきた作品を生んだ新美南吉が生まれたのがこの「半田」であったということだ。

新美南吉はこの半田市に大正二年（一九一三）生まれた。半田第二尋常小学校（現・岩滑小学校）、半田中学校（現・半田高校）を経て、東京外国語学校（現・東京外国語大学）に学び、多くの童話を発表したが、昭和一八年（一九四三）喉頭結核のため永眠。享年二九歳という若さであった。

たぶん、このような人を天才というのだろう。『赤い鳥』に「ごん狐」が載ったのは外国語学校に入学した年、つまり彼が一九歳のときであった。

「半田口《はんだぐち》」という小さな駅を降りて右手に少し入ったところに、南吉の生家がそのまま保存されている。ここから新美南吉記念館に至る一キロ余りの道筋は文学散歩コースとなっており、その横に連なる権現山周辺がごんぎつねの舞台になったところだといわれている。

南吉が学んだ小学校は今は「岩滑小学校」となっている、「岩滑」は「やなべ」と読む。小学校の塀にはごんぎつねの絵が描かれている。この小学校の子どもたちはどんな思いで「ごんぎつね」を読んでいるのだろう。自分たちの学校の先輩にこんな素晴らしい人がいたんだということを思い切り誇りに思っていい。

「半田口駅」から二つ目が「知多半田駅」である。知多半田駅は立派で近代的な駅舎だが、そこから東へ一〇分も歩くとJR半田駅に出る。名鉄の駅舎に比べると大正ロマンの世界に引き込まれた感じがする。駅舎を見て、思わず「オーッ！」と声を上げた。何でもこの駅の跨線橋《こせんきょう》は全国でも最古のもので、明治四三年（一九一〇）につくられたものがそのまま今も使用されている。確かにすごい！　私も全国を歩いているが、これほどシックで趣のある跨線橋にはお目にかかったことはない。

その駅からまっすぐ川の方に向かうと、そこはミツカンの本社と工場群である。幼いころからお世話になってきたミツカン酢はこの半田が誕生の地だったのだ！「ごんぎつね」とミツカン酢で、一気に「半田」が好きになってしまった。

さて本題の「半田」の由来が最後になってしまった。「半田」を「半分の田」とい

新美南吉の生家

昔懐かしい半田駅

うのはいかにも短絡過ぎる。永正一〇年（一五一三）地元の順正寺に本願寺九世の實如上人より下附された絵像本尊の裏書に「尾州智多郡坂田郷」と記されているところから、そもそもこの地は「坂田」であったと言われている。「サカタ」を音読みにして「ハンダ」とし、それが「半田」になったというわけである。

地名の解説としてはいささか単純過ぎるが、それにも増して半田の魅力は大きい。

9 上ゲ（あげ）珍駅名の代表格

知多半田駅からさらに河和線を南に向かうと、「成岩駅《ならわ》」「青山駅《あおやま》」の次に「上ゲ駅」に着く。普通列車しか止まらない駅だが、何しろ外の人間には読めない。珍駅名の代表格である。この「上ゲ」実は「アゲ」と読む。そう言われてみれば確かにそうは読めるものの、どういう意味だろうと気になる。

実はこの駅名は武豊町《たけとよ》上ケの地域名に由来する。その町名は「上ケ」で、濁点は入っていない。でも「アゲ」と読んでいる。この町名は少なくとも「上下」関係に由来がありそうだ。「アゲル」「サゲル」はどう考えても上下関係しかない。

この「上ケ」の町の北隣に武豊町「下門」という町名がある。これは「したもん」と読む。下から上に行くとその先に何があるか。そこにはこの地区での最大の神社「武雄《たけお》神社」がある。普通、神社は高い地形のところに鎮座するのが原則なので、下から上に向かう先に神社が置かれたと見ていいのではないか。

それにしても珍しい駅名ですね――。

10 武豊（たけとよ）　神社の文字をとって合併

名鉄河和線「知多武豊駅」　ＪＲ武豊線「武豊駅」

「武豊駅」「知多武豊駅」は言うまでもなく、「武豊町」の町名に由来する。現在人口は四万人を優に超え、町としてはかなり大規模な都市である。「武豊町」は明治一一年（一八七八）に長尾村と大足村が合併されて「武豊村」となったのが起源である。その後明治二四年（一八九一）に「武豊町」となって現在に至っている。

長尾村と大足村が合併されることになったとき、新村名をどうするかと考えて、結局二つの村の神社の名前から一字ずつをとって「武豊村」としたのだという。これはなかなか面白い発想だ。信仰心の篤い愛知県ならではの命名の仕方で、大いに注目に値する。

長尾村の氏神様は「武雄神社」という。起源ははっきりしてはいないが、奈良時代かそれ以前にさかのぼるという。武雄神社の祭礼は四月の第二土曜日と日曜日で、その日には知多半島でも最大の六台の山車が出て神社に引き込まれるとのこと。その名の通り勇壮な祭りであるらしい。

一方の大足村の氏神様は「豊石神社」であり、「武雄神社」の「武」と「豊石神社」の「豊」をとって「武豊村」とした。

豊石神社の祭礼は「大足蛇車《おおあしじやくるま》まつり」といい、花火を奉納することで知られている。その昔、若武者に思いを寄せた龍神の娘が人間に化身して思いを告げるが、結ばれることなく命を落とした。娘の魂を神社の祭神として、その霊を弔うために花火を奉納することになったという。

花火を奉納するといえば、「手力《てぢから》駅」の近くの手力雄《てぢからお》神社（岐阜市）があまりにも有名だが、この神社にもそれは受け継がれている。須佐之男命を祭神としている点でも共通している。とにかく激しい信仰心の象徴のような祭りである。

【4】常滑線・空港線

11 道徳（どうとく）文政のみちを示唆した

名鉄常滑線

二年ほど前、初めて名古屋の取材に入ったとき、まず目にとまったのがこの「道徳駅」だった。「道徳」っていったい何だろう？　どんな意味なんだろう？――名古屋にはユニークな駅名や地名が多く点在しているが、この「道徳駅」などはそのトップにランキングされるほど面白い。

駅の歴史は古く、明治四五年（一九一二）に愛知電気鉄道（後に名鉄となる）の駅として開業している。相対式ホームの高架駅でかつては有人駅だったが、平成一七年（二〇〇五）集中管理システムの導入によって駅員無配置駅となった。ちょうど、中部国際空港の開業の時期と重なり、特にこの常滑線はその影響を受けたのであろう。

ホームに降り立つと、いきなり「気楽に楽しめる　パチンコ&スロット　道徳会館」という看板が目に飛び込んできた。「パチンコ&スロット」と「道徳会館」とのコントラストが何とも言えぬ味を出している。当事者から見れば機械的につけたものなのだろうが、よそ者から見るとてつもなくユーモラスに見えるから不思議だ。

駅の周辺は「道徳公園」「道徳小学校」「道徳交番」など「道徳」一色だ。でもここにはこんな歴史が隠されていた。

幕末の文化九年（一八一二）のことである。尾張藩はそれまであった御替地《おかえち》新田を「道徳新田」と改称した。御替地新田は藩が農民に替地として与えたもので、その恩義を自覚させるために「道義を以て徳を施す」方針を立て、その旨で「道徳」という名前をつけたのだという。

周囲は確かに低地でかつては田園であったことを思わせる地域である。街の一角に「道徳コミュニティ道路　文政のみち」という碑が建てられている。日本広しといえど、「道徳駅」という駅名はここだけである。

12 常滑（とこなめ）　中世六古窯の筆頭

名鉄常滑線・空港線

言うまでもなく、常滑焼の本拠地である。名古屋周辺は焼き物の町がいくつもある。瀬戸《せと》もそうだし、多治見もそうだ。北に行けば美濃焼もあるし、南では常滑がある。「中世六古窯《ろっこよう》」と呼ばれるものがある。中世から続いている六つの古い窯があるという意味である。その六つの古窯とは、

常滑・瀬戸・越前《えちぜん》・信楽《しがらき》・丹波・備前《びぜん》

となっている。そのトップが常滑なのである。愛知県には常滑・瀬戸と六つのうち二つが入っている。やはり焼き物の国、尾張なのである。

「常滑」とは地名ではあるが、それ以前に普通名詞である。古語辞典によれば「水苔《みずこけ》のついた水底のぬるぬるする石。また、苔の生えたなめらかな所」を意味する（『角川新版　古語辞典』）。

万葉集にこんな歌がある。

古窯の風景

見れど飽かぬ吉野の川の常滑の
絶ゆることなくまた還り見む

ここに詠まれている「常滑」こそ焼き物に適する滑らかな土壌を意味しているとされ、その典型が知多半島の常滑であるという。

13 中部国際空港（ちゅうぶこくさいくうこう） セントレアの名称で愛される

名鉄空港線

名鉄空港線が一般旅客向けの営業を開始したのは平成一七年（二〇〇五）の一月二九日、中部国際空港が正式に開港したのは二月一七日のことであった。ここに国際都市名古屋の新しい顔が登場したことになる。成田国際空港、関西国際空港に次ぐ第三の国際空港である。その空港にアクセスしているのは名鉄一社であり、それまで常滑までしか来ていなかった電車が空港線として、この駅まで延長された。

開港当日は予測を大きく上回る五万二〇〇〇人もの人々が殺到し、大盛況となった。駅から空港は直接つながっており便利である。周辺にはいくつものホテルも林立している。

この空港の所在地は、「愛知県常滑市セントレア一―一」である。「セントレア」という地名が生まれた。言うまでもなく、この中部国際空港の愛称が「セントレア」であることにちなんでいる。「中部国際空港」の英語名は、

Chubu Centrair International Airport

である。このCentrairという和製英語から「セントレア」というニックネームが誕生した。

一方の「中部国際空港駅」の英語名は、

Central Japan International Airport Station

である。駅の方は文字通り英語に訳したものだが、空港の方はあくまでも「セントレア」に固執した結果だと考えられる。まあ、これはこれでいいとしよう。

ここで「セントレア」に関する地名騒動の裏幕を一つ紹介しよう。

全国的に繰り広げられた平成の大合併で多くの市町村が統合されたが、その結果全国に摩訶不思議な市名・町名が登場することになった。山梨県に「南アルプス市」などという市名が誕生したのに代表されるような歴史を無視した地名があちこちに生まれた。実は、この知多半島にもその危険が及んでいた。

問題は国際空港の南に位置する「美浜町《みはま》」と「南知多町」の合併問題であった。あたかも国際空港が開業することになっていた平成一七年（二〇〇五）二月一七日の直前のことであった。たぶん、知多半島がセントレアで世界の窓になるという心意気が高まっていたのであろう。合併協議会が新市名を「南セントレア市」に決定したというのだ。

さすがにこれには多くの住民から批判の声が上がった。前年の一二月に行った新市名の公募では、「南知多市」が七〇件で圧倒的に多かったという。続いて「美南市《びなん》」が二七件だった。公募では「南セントレア市」はなかったらしい。

私に東京新聞から取材の依頼があったのは、その直後のことで、二月の初めだったと記憶する。私は即「後代への恥になるからやめるべきだ」と答えた。二月六日付けの中日新聞・東京新聞にその記事が大きく掲載され、翌日にはこの「南セントレア市」はキャンセルされた。

私は心底ほっとした。国際空港のある地域だからこそ、こんな浅薄な市名をつけるべきではないと考えた。当時、私は新市名を決める際の原則として次の五つを挙げていた。

①ひらがな・片仮名は原則として使わない。
②他の地域と識別できない名称は使わない。
③東西南北は原則として使わない。
④人名は評価が変わってくるので要注意。
⑤濁音を二つ以上使わない。

これらはあくまでも原則なのだが、これに反した多くの新市名が誕生してしまったのが平成の大合併であった。「南セントレア市」問題に関しては、多少の貢献ができたのではと考えている。

第五章

名古屋鉄道　北部・西部方面

【1】犬山線

1 岩倉（いわくら） 岩倉織田氏・山内一豊のふるさと

岩倉駅は名鉄沿線でも存在感のある駅である。名古屋方面から犬山線に乗ると必ずどの列車も岩倉駅に停車し、普通列車の約半数がこの駅で折り返すことになっている。一日の乗降人員も二万人を優に超えており、確実に名古屋のベッドタウンとして発展している。

全国に「岩倉駅」は三つ存在している。この岩倉駅の他に、京都の叡山電鉄鞍馬線に「岩倉駅」があるが、これは乗員七五〇名くらいの小さな駅。さらに山口県山口市に「岩倉駅」（JR宇部線）があるが、こちらは無人駅どころか駅舎もない小さな駅である。

岩倉といえば、多くの人々がイメージするのは「桜まつり」であろう。季節になると五条川の両岸に枝もたわわな見事な桜並木が何キロも連なる。名古屋近郊を代表する桜の名所である。

歴史上忘れてはならぬのは、ここに置かれた岩倉城が織田《おだ》信長と山内一豊《やまのうちかずとよ》に深くちなんでいることだ。

織田家のルーツは越前織田庄であったが、その後尾張国の守護を兼ねることになり、尾張に勢力を伸ばすことになった。織田氏は尾張の北部を治めた「岩倉織田氏」と南部を治めた「清須織田氏」に分かれたが、「岩倉織田氏」の筆頭家老が山内盛豊《もりとよ》で、その息子が山内一豊。一方の「清須織田氏」の筆頭家老が織田信秀《のぶひで》、その息子が織田信長であった。

この時点では山内一豊と織田信長は同格であった。一豊は信長より一一歳年下であった。その後永禄二年（一五五九）信長は岩倉城を攻め、一豊の父・盛豊は討死を遂げ、織田氏は信長によって統一される。その後一豊は信長の家臣として仕えることになる。

駅からそう遠くないところに、岩倉城址が小さく残されている。山内一豊はこの城で生まれたという説と黒田城で生まれたという二つの説があるが、城址の北にある神《しん》明生田《めいいくた》神社の境内には「山内一豊公生誕地」という立派な記念碑が建てられている。「岩倉」という地名は「磐座《いわくら》」であり、「神の占め給ふ場所であるとの観念は大体に於て共通」しているとされる（『岩倉町史』）。信仰心の篤かった尾張国であればこそ、昔から伝えられる「石」への信仰によるものと考えられる。

2 犬山（いぬやま） 三つの神社の方角から

名鉄犬山線・小牧線・広見線

名古屋から西部に向かう路線としては名鉄本線と犬山線がメインだが、本線がビジネス向けだとすれば、犬山線はどちらかというとレジャー向けの印象がある。国宝犬山城に象徴される犬山の町の魅力の他に、名鉄が心血を注いでつくりあげた明治村、さらにリトルワールドなど家族連れで訪れてみたいスポットが沿線にいくつもある。

ところが、この「犬山線」という路線はなかなか複雑である。普通、ある路線がどこからどこまでかをいうときには、駅が起点になるものだ。ところがこの犬山線は違っている。その範囲は次のようになっている。

「枇杷島分岐点」……「新鵜沼《しんうぬま》駅」

下りの終着点が「新鵜沼駅」なのはわかる。この駅はJR高山線が隣接している駅なので、そこに名鉄線が加わったと考えればすむことである。しかし「枇杷島分岐点」とはそもそも何なのか。

名古屋から直行する犬山方面行きの列車は、「名鉄名古屋」を出ると「栄生駅」「東枇杷島駅」を通過すると、次の「西枇杷島駅」に着く前に右に曲がり、その分岐点から「犬山線」に入るという段取りになっている。その意味では確かに「東枇杷島駅」も「西枇杷島駅」も犬山線の駅ではなく、あくまでも名鉄本線の駅ということになる。

「犬山」という地名の由来については前著『名古屋 地名の由来を歩く』で詳しく述べた。頭に入れておいてほしいのは三つの神社である。まず一つは犬山城の麓にある「針綱神社」、これが要である。この神社は犬山城の守り神であり、安産の神様として知られる「玉姫命《たまひめのみこと》」が祀られている。

それに対して南方に二つの神社がある。東に「大縣《おおあがた》神社」、西に「田縣《たがた》神社」である。この二つの神社は対の神社として知られる。「田縣神社」は男根を祀り、「大縣神社」は女陰を祀る。この二つの神様の間に生まれた神様の娘が針綱神社に嫁ぎ「玉姫命」になったといわれる。

そして、その大縣神社から見て針綱神社は「乾《いぬい》」の方角（北北西）に位置し、その「乾」が転訛して「犬山」になったという考えである。この説が最も信憑《しんぴょう》性が高い。

こんな歴史を知ってみると、犬山周辺がさらに興味深く見えてくる。

針綱神社の上に犬山城を望む

【2】広見線

3 日本ライン今渡（にほんらいんいまわたり） 中山道の今渡

「日本ライン今渡」とはまさに「日本ライン」と「今渡」の二つを結びつけたもので、ここを流れる木曽川にちなんでつけられた駅名である。長い木曽谷を抜け出してようやく平野に向かおうとする木曽川には奇岩怪石がつくりだす渓谷美がつながり、そこに控える八か所の早瀬を通り抜ける川下りが人気を呼び、地理学者の志賀《しが》重昂《しげたか》がドイツのライン川になぞらえて「日本ライン」と名づけたのは大正二年（一九一三）のことである。

かつて『死ぬまでにいちどは行きたい六十六ヵ所』（洋泉社新書y）で「犬山」を取り上げたとき、どうしても木曽川の川の上から犬山城の写真を撮りたい一心で、この日本ラインの川下りをしたことがある。日本ラインの川下りはこの駅の近くの渡し場から乗って約一時間半川を下って、犬山城の真下まで行くコースである。犬山城を川の上から写真に収めるには、どうしてもこのライン下りの客にならなければならない——ということなのであった。

さて、駅を降りて北にしばらく行くと古い街道筋に出る。いかにも古い、と思いながら木曽川に向かっていって聞いてみると、その道筋が旧中山道なのだという。対岸には数年前に乗ったライン下りの船着き場が見える。

木曽川はどうどうたる川幅を見せている。ふと上流を見ると、雪をすっぽりかぶった御嶽の雄姿が目に入る。尾張の人々には御嶽はとても身近な存在なのだ。

今は立派な鉄筋の太田橋が架けられているが、昔はこの川には橋がなく、舟で渡るしか手がなかった。ここは中山道の三大難所の一つと呼ばれてきた。

「木曽のかけはし　太田の渡し　うすい峠がなくばよい」

こんなフレーズが当時流行ったという。順序が木曽から始まっているのは単なる語呂合わせなのだろう。狭い峡谷を流れる木曽川に架かる「かけはし」（険しいがけ沿いに木や藤づるなどで作った道)、険しい峠で知られる「碓氷峠」、そしてこの「太田の渡し」がなければどれだけ楽かとうたったものである。

江戸から来ると、この渡しを渡ってようやく「太田宿」に到着ということになる。江戸時代の渡しがあった場所は若干移ってはいるものの、今ある太田橋の下流に位置していた。

「今渡」という地名がいつ発生したかはよくわからないが、渡しの場所を変えた後の「新しい渡し」という意味に解していいだろう。

木曽川を渡って太田宿に入ってみた。物の本によると、今は古いものはほとんどなくなっているとのことだったが、とんでもない思い違いである。宿場は数百メートルにわたって古い面影を残しており、文久元年(一八六一)皇女和宮《かずのみや》下向のために建て替えられたという本陣(福田家)の門も残されているし、脇本陣の林家の住宅は国の重要文化財に指定されている。

訪れたのはちょうど日曜日で宿場の春祭りが催されていた。子ども混じった山車などが宿場を練り歩いていた。名古屋は東海道のお膝下だが、美濃は中山道の歴史を今に豊かに伝えている。

今はなき太田の渡し

太田宿の街並み

4 可児（かに）蟹に乗ってやってきた黄金仏？

名鉄広見線「西可児駅」・「可児川駅」・「新可児駅」
JR太多線「可児駅」

犬山で広見線に乗り換えると、「西可児駅」「可児川駅」「新可児駅」とつながる。「新可児駅」はターミナルでさらに「御嵩《みたけ》駅」に行くには乗り換えが必要だ。名鉄の駅が「新可児駅」になっているのは、すぐ南隣にJR線の「可児駅」があるからだ。

いずれにしても「可児」という地名がポイントになっている。「可児」という地名は全国的に例がないだけでなく、謎に満ちている。

この種の難読地名の場合、間違いなく漢字を当てはめただけで、もとは「カニ」で地形に由来すると考える。だから、「カニ」はカネ（矩）あるいはクネル（曲）からきたとして川が曲がっているところから「可児川」となり、それが「可児」になったと考える人もいる。

しかし、この地形説の難点は、川が曲がるという意味とすると、全国どこでもありそうなのに、実はここにしかないという点である。

一方、この「可児」は「蟹」に由来するのではと考える人もいる。名古屋から名鉄「新可児駅」に行き、広見線に乗り換えて四つ目が「御嵩駅」である。駅前の道は旧中山道で、その向かいに願興寺《がんこうじ》という古刹がある。この寺は弘仁《こうにん》六年（八一五）天台宗の始祖の最澄《さいちょう》（伝教大師）がこの地に逗留した際、布施屋（宿泊所）を作って、薬師如来を安置したことに始まるとされる。その後一条《いちじょう》天皇の皇女の行智尼《ぎょうちに》が読経を行っていると、金色に輝く薬師如来像が数千・数万匹の蟹の背に乗って現れたという。長徳《ちょうとく》二年（九九六）のことである。それ以降、この仏像は「蟹薬師」と呼ばれるようになり、今でも願興寺という寺の名前より有名になっている。

お寺さんの取り計らいで、国の重要文化財が二四体も安置されている霊宝殿に案内してもらった。圧巻である！　これらは戦前はすべて国宝だったというのだから驚きだ。天台の立体曼荼羅と聞き、東寺（京都）の立体曼荼羅を想い起こした。

本堂は天正九年（一五八一）農民たちの力で再建されたものだそうで、これもすごい迫力である。

「可児」の由来はこの「蟹薬師」にあると考えたいところだが、実は時代が少しずれている。

蟹薬師が登場するのは平安中期のことだが、実は「可児郡」という地名はそれ以前の奈良時代には確認されている。だから、「蟹薬師」から「可児」になったとは言えない。

最も信憑性の高いのは「掃部寮《かにもりのつかさ》」に由来するという説である。「掃部」は後に「かもん」と読まれることになるが、もともとは「蟹守《かにもり》」とも書かれていたらしい。

「掃部寮」とは、役所の名前で、宮中の掃除を担当した部署を意味していた。したがって、この「可児」の地には、宮廷の清掃を担当していた職業集団が住んでいた可能性が高い。

「蟹」が清掃に関係していたかどうかは不明だが、この地には多くの沢蟹がいたことはたぶん事実で、その「蟹」と「掃部」が微妙に重なって今の「可児」ができたと考えられる。

御嵩駅からしばらく中山道を東に行くと、村の外れに旧街道の石畳が復現されている。いよいよここから信州の山並みに入っていくのかと思うと、思いが募ってくる。蟹もこの道を横切って歩いていたのかもしれない。

400年以上も前に再建された蟹薬師本堂

復元された中山道の石畳

5 明智(あけち) 明智光秀のふるさと?

「明智」と聞けば、すぐ連想するのはやはり「明智光秀」、そして江戸川乱歩《えどがわらんぽ》の探偵物に登場する「明智小五郎《こごろう》」である。「明智」という響きはオープンで明るいイメージなのだが、どことなくミステリアスな感じが残る。

名鉄の新可児駅から御嵩駅に向かう最初の駅が「明智駅」である。最初この駅名を見たとき思ったのは、「ひょっとしてここは明智光秀に関係してるんじゃないか」ということだった。

明智光秀は信長に長く仕えたが、例の本能寺の変で歴史に名をとどめるも、その前半生は謎につつまれている。特にその出生については諸説あり、定説と呼べるものは確定していない。

ただし、明智一族が美濃守護土岐《とき》氏の流れを汲んでいることは大方の認めるところとなっている。これまで光秀の生地として考えられてきたのは次の三か所である。

①恵那《えな》郡明智町(現・恵那市)

②山県《やまがた》郡美山《みやま》町（現・山県市）
③可児市
このうち①は現に「明智町」という町名も実在しており、現地でも光秀の生誕地として売り出している。②の美山町は、歴史的に土岐氏との関連が見えないところから、一般には候補から外されることが多い。

そして可児市の場合はこの「明智駅」の南に横たわる明智城がその生誕の場所だと考えられている。となると、候補地としては恵那郡の明智町とこの可児市の明智城ということになるが、戦国武将研究の第一人者の小和田哲男《おわだてつお》氏によると、やはりこの可児市の方ではないかと推測している。その理由は次の二つである。
①恵那郡明智町の方は、遠山明智氏ゆかりの土地であり、土岐氏の流れを汲む土岐明智氏とはかかわりがない。
②光秀の股肱《ここう》の臣だった溝尾庄兵衛、可児左衛門、肥田玄蕃などの家臣が可児市広見の出身と伝えられている。
いずれにしても、この「明智駅」のある場所が光秀ゆかりの地であることは疑いない。駅から南を望むと横に長く延びる山が目に入る。これが明智城址で、その形状か

ら「長山城」とも呼ばれていた。山の麓から細い階段が続き、それを上り切ると、明智城址の広場に出る。本丸の跡には明智城址の碑が建てられており、その先には展望台も用意されている。

この城は代々明智一族が居城していたことは間違いないが、いつごろ光秀が居城したかは詳《つまび》らかではない。なぜ、光秀の前半生がはっきりしないかというと、やはり信長への謀反者として扱われ、その過去が消されてしまったことによるものであろう。

明智光秀はここにいたのか？

6 手力（てぢから）　火祭りに燃える神々

「手力駅」に降り立ったのは一二時を少し回ったころのことだった。日にちは四月一四日（第二土曜日）である。地図を頼りに「手力雄神社」方向に足を進めると、その先方に何やら爆竹を爆破させるような大きな音が聞こえてくる。神社に近づくととてつもない爆音が境内から轟いてくる。いったい何が起こったのかと近くの人に聞いてみると、今日は年一回のお祭りの日なのだという。

とにかく境内に入ってみる。すると、境内いっぱいに何やら多くの塔が林立し、社殿に向かって山車が爆音を立てながら一台一台進んでくる。その音の凄まじいこと！これまでこのような祭りに出くわしたことはなかった。祭に参加している若い衆にどんな祭なのかを聞いてみると、私が下げているカメラを見て、「そのカメラで夜の火祭りをぜひ撮ってほしい」と頼むではないか。夜の八時ごろがピークなのでぜひ夜まで待って見ていってほしいと言われてしまった。

そんなこんなで結局、「手力雄神社」の火祭りなるものにその日は付き合うことにした。それほど大きな街に見えないのに、数百メートルにわたって出店がずらーりと並び、人、人、人で沸き返っている。やはり、尾張・美濃一帯の祭りに入れ込む人々の意気込みは関東などとは桁違いらしい。

夕闇が迫ってくると、再び各地から送られてくる山車が爆竹と同時に火を噴きながら社殿に向かってお祓《はら》いを受ける。

そして、あたりがとっぷりと暗闇に閉ざされると、地区ごとに立てられた天空にそびえる提灯に花火が仕掛けられ一本ずつ空で火を放つ。火は滝のように舞い散り、観客を沸かせる。

いよいよクライマックスになると、空から舞い落ちる火花と山車から吹き揚げる花火の火の粉を体中に浴びながら若者たちが山車を担いで練り歩く。すごい迫力である。初めてこのような火祭りを見た私はただただ圧倒されるだけだった。

いったいこのような火祭りはどんな経緯で始まったのだろう？　そんな思いが募っ

てきた。

この神社の祭神は「天手力雄命《あめのたぢからおのみこと》」である。「手力雄神社」と銘打つ神社は岐阜市にあるこの神社以外に、隣の各務原市に一つ、さらに千葉県館山《たてやま》市にこの「手力雄神社」がある。

三つのうち、二つまでがこの美濃にあるということに、むしろ私の関心はある。なぜこの地に「天手力雄命」が祀られたのか？

この神様は神話上有名な神様である。その昔天照大神が高天原にいらっしゃった頃、弟の須佐之男命《すさのおのみこと》が乱暴を働くのを見るにたえず、天の岩戸に引きこもってしまわれた。途端に天は暗くなり、困り果てた神々は岩戸の前で宴を催し、天照大神を外に出そうとした。岩戸のわずかな隙間から外をご覧になった大神を手力の強い神が手を引いて外に出したという話で、戦前の歴史教科書には必ず載った話である。

この時大神を引き出した神様がこの「天手力雄命」である。由緒書によると、「武芸・技芸・芸能・学問の守護神であり、軍神でもある」という。さらに「手」にちなんでこう記されている。

「『手』の働きには押す・引く・曳く・撃つ・撚る・捻る・摘む・書く・割る・裂

この火の粉の下を山車が練り歩く

く・投げる・撫でる・爪弾く・掴む・握る・持つ・教えるなど様々な働きがあり、手話と言うように人の意図するところをおおよそ実行する」

これを読んで考えた。このような「手」の働きの神が鎮座することによって、尾張・美濃に多くの「物づくり」の産業が栄えたのではないか。きっとそうに違いない。すぐ隣の町にも「手力雄神社」があること自体、やはり意味があるのだと思う。創建は貞観《じょうがん》二年（八六〇）というので、平安初期に当たる。その時期、何らかの経緯でここに天手力雄命を祀ることになり、そこから「手」にまつわる産業が発展してきたのに違いない。

あの激しい火祭りは、一方で手力雄命の荒々しさを象徴づけるものであると同時に、火を扱う技術の高さを表しているのではなかろうか。

7 苧ケ瀬（おがせ）　血で彩られた池の伝説

各務原線をさらに行くと「三柿野《みかきの》」という駅に着くが、これは明治時代に三滝新田と柿沢村と野村が合併した際、一字ずつとってできた地名で深い意味はない。「名電各務原駅」を越えてさらに行くと、「苧ヶ瀬」という小さな駅がある。これは一日の利用客が数百人程度の駅だが、とにかく「苧ヶ瀬」がまず読めない。「おがせ」と読むのだが、ここにはどんな謎が潜んでいるのだろう。

駅から北へ数分も歩くと、その「苧ヶ瀬池」に着く。周囲わずか二キロの小さな池だが、ここにはこの地域の謎めいた伝説が多く伝えられている。

その昔、この地に流れる木曽川のほとりに観音堂があったが、その下に身の丈、二丈八尺（約八・四メートル）もある白大蛇が住んでおり、近くの人々を悩ましていた。その大蛇を封じ込めようとこの地に「八大龍王」が祀られ、その大蛇の魔力を封じ込め、身の丈も五尺に縮ませ、その後大蛇は比叡山に上って修行をし、白龍となって帰還して、この地に祀られたという。

また、この地を通りかかった馬が池に引き込まれて没してしまったが、その馬は竜宮城に行って大王に会い、宝塔を賜って帰ってきたという話もある。今でもこの池は竜宮城につながっていると考えられているそうで、まさに苧ヶ瀬池は伝説の宝庫のような池なのである。

しかし、ここでは「苧ヶ瀬」の地名の由来となった伝説を紹介しておかなければならない。

その昔、梶原平三景時の家臣に福富新左衛門という者がいた。子どもが授からなかったので、観音堂に祈願したところ、新蔵国平という子どもを得た。新蔵は身体強健で武芸を好み、富士本宮山に登ったとき、頂上に毛髪白銀の一鬼女を発見し、これを射てしまった。すると、一天にわかに掻き曇り、驚天動地の怪力を表して姿を消した。雨が上がってみると鮮血が点々と流れて道を作り、その道は余野村の小池与八貞頼という人物の家につながっていた。

小池の妻がいないので、どうしたのかと問うと、今は風邪で寝ているという。そこで寝床に行ってみると、褥の上には血潮こぼれ、障子に血で歌が書かれていたという。

求めたき契の末に顕われて　今こそ帰る古里の空

小池の妻は鬼女だったということになる。さらに血の道をたどってみると、木曽川をわたって広沼（苧ヶ瀬池）で止まっていた。池面を見ていると、一束の「苧《お》」（麻の一種で繊維にしたもの、カラムシとも）が血に染まっているのを発見した。それを

伝説につつまれた苧ヶ瀬池

白大蛇が祀られている八大白龍大神

手にとってみると、「苧」ではなく、鬼女の頭にあった白銀の髪だった——。

それを歎き悲しんで、この池を「苧ヶ瀬池」と呼ぶようになったという。昔、そんな伝説になった事件があったということだろう。

8 新鵜沼（しんうぬま）「各務原」の謎を解く

名鉄犬山線・各務原線

「新鵜沼駅」は犬山線と各務原線との接点になる駅で、JR高山線とも接続する駅として知られる。この新鵜沼駅のすぐ近くに「村国真墨田神社《むらくにますみたじんじゃ》」という比較的小さな神社がある。実はこの神社に「各務原」という超難解な地名の謎が隠されている。

考えてみれば「各務原」という市名は不思議である。正式な市名は「かかみがはら」と読む。ところが通称は「かがみはら」で通じている。JRの「各務ケ原」駅は「かがみがはら」とルビがふられている。県立「各務原高校」は「かかみはら」である。

市内だけでなく、近隣都市の間でも「各務原」は「かかみはら」「かがみはら」「かかみがはら」「かがみがはら」と複数の呼称が使われており、このような都市は全国でも「各務原」だけであると言ってよい。

各務原市が、稲葉郡那加《なか》町、鵜沼町・蘇原《そはら》町・稲羽《いなは》町を統合して成立したのは昭和三八年（一九六三）のことである。市名は古代よりあった美濃国各務郡から採用した。その意味では由緒ある地名である。

さて、この「各務」という地名は、金属による鏡（銅鏡）などを作る鏡作部がいたことによるというのがほぼ定説になっている。この地域は尾張に接しており、焼き物に限らず古代には鏡の生産地と考えられていたところだ。その謎が村国真墨田神社にある。

創建は七世紀といわれるから大化改新前後のこととなる。この神社の特色は何といっても、美濃国一宮の南宮《なんぐう》大社の「金山彦命《かなやまひこのみこと》」と尾張国一宮の真清田神社の「天火明命《あめのほあかりのみこと》」を合祀して創建したことにある。

南宮大社の金山彦命は鉱山や金属業の神様で、いわば鉱山・金属業の総本山ともいうべき神社である。名古屋の「金山」という地名もそこに勧請された「金山神社」にちなんでいる。

一方の尾張国一宮の真清田神社の祭神の「天火明命」とは文字通り、この世を明るく照らす神であり、しかも、それは「饒速日尊《にぎはやひのみこと》」のことである。この神については拙著『大阪「駅名」の謎』（祥伝社黄金文庫）、『名古屋 地名の由来を歩く』（ベスト新書）を参照していただきたいが、わかりやすくいうと、神武天皇以前に河内国・大和国に勢力を張っていた勢力である。それがこの尾張・美濃に勢力を有していたことはやはり特筆すべき歴史である。

しかも、それが鉱山・金属業に深く関わり、その結果この地で銅鏡などが作られたことは今見ても特筆すべき事実である。

今は小さな神社であるが、美濃国一宮と尾張国一宮を合祀して「各務原」という地名が生まれたことは記憶にとどめておいていい。

「各務原」の謎に迫る村国真墨田神社

【4】小牧線

9 味鋺（あじま）古代物部氏の痕跡

名鉄小牧線は名古屋市北区の「上飯田駅」と犬山市の「犬山駅」を結ぶ全長二〇・六キロの路線である。歴史をたどると、昭和六年（一九三一）に今の上飯田駅と犬山駅間が開業することに始まるが、「小牧線」という名前に改称されたのは昭和二三年（一九四八）のことであった。

さて、名古屋方面からこの小牧線に乗って犬山方面に向かおうとすると、不思議な体験をすることになる。実際は地下鉄名城線から犬山方面に向かうことになるが、形の上では名城線の「平安通駅」から「上飯田駅」の区間は「地下鉄上飯田線」に乗ったことになっている。実はこの「地下鉄上飯田線」というのは、「平安通駅」と「上飯田駅」の一区間のみを結ぶ全長〇・八キロしかない全国で一番短い地下鉄路線なのである。

とにかく、二つの駅の区間のみを走る地下鉄なんて、この名古屋にしかない。これを名古屋の誇りにしていいかどうかはわからないが、ちょっと話してみたくなるネタではある。

いったいこのような事態がなぜ生まれたのか？　その歴史をたどってみよう。

もともと「上飯田駅」で名古屋の中心部に行くには、かつては名古屋市電「御成通線」に乗り換えて行くことができた。「御成通線」などという名前もいかにも名古屋らしい命名であったといえる。ところが昭和四六年（一九七一）に市電が廃止されて不便が生じたため、上飯田連絡線株式会社という会社ができ、この「上飯田線」という地下鉄ができた。平成一五年（二〇〇三）三月二七日というので、まだ最近のことである。

さて、この小牧線の「上飯田駅」の次が「味鋺駅」である。愛知県以外の人はまずこの「味鋺」は読めないだろう。難読駅名の代表と言ってもよい。

味鋺駅を降りて少し南に行くと、右手に味鋺の商店街が見えてくる。その商店街を西に進み、そこからさらに南に入ると「味鋺神社」という古い神社がある。この神社の名前から「味鋺」という駅名が生まれている。

平安時代に編まれた『延喜式』には「味鋺神社《あぢまりの》」と記されており、この地域もその後「味鋺村」とされてきた。味鋺神社の祭神は次の二柱である。

宇麻志麻治命《うましまじのみこと》
味饒田命《まじにぎたのみこと》

この二柱の神は親子とされ、その後勢力を広げる物部《もののべ》氏の祖であるという。物部氏というと、教科書では五七八年、用明《ようめい》天皇の御世、仏教を受容するか否かで豪族たちが対立し、物部守屋《もりや》は仏教を受容しようとする蘇我馬子《そがのうまこ》と戦い敗れ、滅亡したとされる豪族である。物部氏はもともと大和朝廷の軍事を担当する根っからの豪族であって、新興の仏教など導入すべきではないと考えたのであった。その物部氏の祖がこの春日井にあったことはこの土地の歴史の古さを物語っている（物部氏と蘇我氏の戦いについては前著『奈良 地名の由来を歩く』を参照）。

神社のすぐ南にはよく洪水を起こす庄内川が流れている。

10 春日井（かすがい）　古代春日山田皇女にちなむ？

名鉄小牧線「春日井駅」・JR中央本線「春日井駅」

春日井市は名古屋近辺では別格なほどの大都市である。愛知県では名古屋はそれこそ別格だが、それに続く都市としては一宮市・豊橋市・豊田市があり、それらはいずれも三十数万の人口を誇っている。それに続くのが春日井市で、人口は三〇万を超えている。ところが、こと駅に関してはJRと名鉄は名前こそ「春日井」で同じなのだが、全く違う駅として機能している。距離も三キロも離れており、名鉄の春日井駅は無人駅となっている。駅の近くに特に見るべきものはないが、この「春日井」という地名にはものすごい歴史が隠されている。

名鉄春日井駅の所在地は「春日井市春日井町字土合《どあい》」というところで、春日井市の中でもかつては歴史的中心地であったところだ。

「春日井」という行政地名が成立したのは、明治一一年（一八七八）「春日井原新田村」と「長斎新田」が合併して「春日井村」が成立したことに始まる。春日井市になったのは昭和一八年（一九四三）のことである。

この「春日井」という行政地名はこの地域が古来「春日井郡」と呼ばれてきたからである。そして現在確認されているのは、この「春日井」は「春日部」の転訛したものであるということである。つまり、かつては「春日部」と呼ばれていたものが、ある時期から「春日井」に変わったということである。これはどの郷土史にも定説として書かれている。

すると、関東の人間としては、埼玉県にある「春日部市」と何らかの関わりがあるのかどうかが気になってくる。春日部市の歴史をたどると、かつては「粕壁」と書かれていたが、それをさらにたどると、武蔵国の春日部氏という豪族がこの地を治めていたことに由来するとされている。

そうすると、尾張の春日井市とは関係ないように見えるが、実はここにはもっと深い歴史があり、両者には関係があったようなのだ。その歴史をひも解いてみよう。

まず『日本書紀』から一人の人物（女性）に登場願おう。その名を「春日山田皇女《かすがのやまだのひめみこ》」という。

皇女は第二四代仁賢《にんけん》と和珥糠君娘《わにのぬかきみのいらつめ》の間に生まれた。そして皇女はやがて第二七代安閑《あんかん》天皇の后となる。まずこの関係を理解しておこう。

ところが、この安閑天皇には子どもが授からなかった。天皇は臣下の大伴金村にこう相談したという。

「私は四人の妻を召し入れたが、まだ世継ぎがいない。このままでは私の名は絶えてしまう。どうしたらいいのだろう」

すると金村は、「私もかねがね心配していたところです。国家において天下に主たる方は、世継ぎの有無にかかわらず、必ず何かの物によって名を残されています。どうか皇后と后のために、屯倉《みやけ》の地を定めて後代に伝え、その事績を明らかにしてはいかがでしょう」と述べたという。

「屯倉」とは日本史の教科書には必ず出てくるタームだが、江戸時代で譬《たと》えれば幕府の「直轄地」のようなものである。地方のある一定の地域を天皇が直接支配するという制度であった。時代は大化改新以前のことである。臣下の金村は次のように屯倉を置くことを奏上した。

小墾田屯倉《おはりだのみやけ》と田部…沙手媛《さてひめ》に
桜井屯倉《さくらいのみやけ》と田部…香香有媛《かかりひめ》に

難波屯倉《なにわのみやけ》と田部…宅媛《やかひめ》に

「田部」とは屯倉の田を耕す農民のことである。ここにいう「小墾田」というのは「尾張田」のことで、これが今の春日井であると思われる。ちなみに「桜井」とは今の東大阪市であり、難波と並んで大阪には二つの屯倉が置かれたことになる。

さて、安閑天皇はその後さらに屯倉を広げ、全国に三〇以上もの屯倉を設置した。その中に「春日部」にちなんだ屯倉は「火国《ひのくに》春日部屯倉」と「阿波《あわ》国春日部屯倉」の二つがある。今でいうと熊本県と徳島県である。

またその直前に武蔵一円の争いを治めるために、横渟《よこぬ》（埼玉県比企郡吉見町）・橘花《たちばな》（神奈川県東部）・多氷《おおひ》（東京都西部・中央部）・倉樔《くらす》（横浜市）の四か所に屯倉を置いたとされる。このうち横渟が春日部に近く、おそらく、この屯倉が後に春日部の地名のルーツになったものと思える。

このように『日本書紀』の記述をたどってみると、安閑天皇とその后の「春日山田皇女」が支配していた時期に、この「春日部」が全国に広がったのではないかと考えられる。

こう考えてくると、この春日井も大変な歴史を裏に秘めているということになる。

11 小牧（こまき）　海で「帆を巻いた」ことから

「小牧駅」は名鉄沿線の中でも突出して大きな駅の一つだ。駅前の広場の周囲には近代的なビルが立ち並び、小牧市の発展ぶりを証拠づけている。小牧市は人口約一五万弱で、駅の乗降人員も九〇〇〇を超えており、小牧線では犬山駅についで多い。大正九年（一九二〇）開業というから、すでに一〇〇年近くの歴史があることになる。

小牧駅から西にずっとおよそ二〇分歩くと、標高八六メートルの小牧山の麓に着く。この山が戦国時代、幾多の歴史の舞台になった小牧城である。標高八六メートルというとさほど高くはないように思ってしまうが、ほぼまっ平らな濃尾平野の中では否応でも目につく山である。

この山に目をつけたのが信長である。信長が家康と「清洲同盟」を結んだのは永禄三年（一五六〇）のことだが、その三年後の永禄六年（一五六三）には信長は主要兵力を小牧城に移している。そして翌年の永禄七年（一五六四）には犬山城を攻め落として尾張全体を支配下に置いている。信長にとってはそれほどこの小牧城は軍事的な拠点として重要だったということである。

これまで「小牧」の由来については、二つの説があった。一つは、古代においてはこの近くまで海が入り込んでいて、この山を目標に「帆を巻いた」ことから「帆巻」といい、それが転訛して「小牧」になったというもの。もう一つは、ここに馬の市が置かれ、「駒が来る」ことから「駒来《こまき》」と呼ばれ、それが「小牧」になったというものである。

結論からいえば、前者の「帆巻」説の方が信憑性が高い。全国的に馬の市から「駒来」になったというのは例がなく、考えにくい。『小牧町史』には「抑も此山は太古の世西麓附近にまで海水湾入して船舶の出入昌んなりし時、舟人等は遠く此山を目標として帆を巻くのが例であった、故に帆巻山の名が称せられ、今に至るまで之を云ひ伝へる」とあり、それを示唆している。

高速道路で名古屋から犬山方面に向かうと、すぐ右手に小牧山が手に取るように眺められる。

【5】竹鼻線

12 不破一色（ふわいしき）　同一の年貢を納めた

竹鼻線は「笠松《かさまつ》駅」と「江吉良《えぎら》駅」を結ぶ全長一〇・三キロの路線である。名鉄の中では比較的乗降客も多くない路線である。しかし、面白いことに、「江吉良駅」からさらに「羽島線」が出ていて、それは「新羽島駅」までわずか一区間の路線である。これは昭和三九年（一九六四）に新幹線が開通したと同時に「岐阜羽島駅」が開業したことで、江吉良駅と岐阜羽島駅を結ぶために急きょつくることになったという背景がある。

「羽島」というと、「岐阜羽島駅」でなじみだが、私にはいつも通過するだけの駅になっている。この路線の起点は「江吉良駅」だが、列車運行上は新羽島駅から江吉良駅方面行きが「下り」、逆が「上り」となっている。

さて笠松駅と江吉良駅とのほぼ中間に「不破一色」という駅がある。これも難読駅名の一つだが、「ふわいしき」と読む。「不破」というのは岐阜県の「不破」という地名からきているものだが、問題は「一色」である。

「一色」は「いしき」「いっしき」と呼ばれ、全国に多数分布する地名で、その由来についてはほぼ共通理解が得られている。一色は開墾地等につけられる地名で、一種類（一色）の年貢を納めることになっている土地のことである。辞典には「一色田《いしきでん》」として「荘園制で、雑役が免除されて年貢だけを出す田地」ともあり、やはり年貢の納め方に関する地名として見ていい。

『羽島市史』では「一色別納の意味で一定の現物収入を目的とする追加開墾地の事である」という説と、「屋敷」が「居敷《いしき》」となったとする説を紹介しているが、地名学的には明らかに前者の説が正しい。

人名では「一色氏《いっしきし》」と呼ばれるが、室町時代に三河国吉良荘一色を本拠地として活躍した武士である。吉良上野介の吉良氏の一族でもある。

13 江吉良（えぎら）葦の繁る湿地帯

名鉄竹鼻線・羽島線

「江吉良」を「えぎら」とまともに読める人は愛知県人でもそう多くないはずだ。それほどに珍しい駅名である。「エギラ」は文献上では「江雲」「江喜良」「江切」「江吉良」等と多様な漢字で表記されてきた。ということは、とりもなおさず、この種の地名は漢字で判断してはならないということである。

「江吉良」という地名は全国的にも例がない珍しいものだが、地元ではほぼ次の『羽島市史』の解釈が定説となっている。

「元来『えぎら』とは蘆荻《ろか》の類の異称で葭簀《よしず》のことを今も『えぎら』と呼んでいる地方がある。従ってこの地名は『よし』や『あし』の生い茂っていた島或は水辺という意味である」

たぶん、地元やその近くでは「えぎら」という言葉がかつて存在していたのであろう。地形的にいってもまず間違いない解釈だと考えられる。

もともとこの路線は平成一三年（二〇〇一）まで、「大須」までつながっていたということだ。「大須」といえば、かの名古屋を代表する大須観音のふるさとである。家康の命によってこの大須から今の地に観音を移転させたのである。これはぜひ見なくてはと思いタクシーを飛ばした。思ったよりも遠く冷汗ものだったが、無事元の大須観音に参詣することができた。

江吉良に戻ろうとすると、円空《えんくう》の記念館があるので、どうですか、と言う。せっかくなので拝観した。これもなかなかのものだった。今日はお祭りなのでといって、帰りにお菓子とバナナをいただいた。円空の心づくしの味だった。

こちらが本家の大須観音

14 七宝（しっぽう） 七宝焼きのふるさと

「七宝町」という名前がなくなり、「あま市」に編入されたのは平成二二年（二〇一〇）のことである。平成の大合併によるものだが、いかにも悔やまれる町名の改変である。「七宝」といえば、今や全世界に通じる工芸品である。そのふるさとが「七宝町」であることを思うと、たまらなく切ない思いにかられる。「あま市」は美和《みわ》町、甚目寺《じもくじ》町、七宝町の三つの町が合併されて成立したのだが、「甚目寺町」という由緒ある町名も同じ運命をたどった。

尾張で七宝が作られるようになったのは江戸時代の終わりのことで、天保四年（一八三三）、梶常吉《かじつねきち》という人物によって始められたとされている。常吉は尾張藩士の次男として生まれ、鍍金業《ときんぎょう》（めっき業）を営んでいた。あるとき、常吉は骨董屋で七宝を見つけ、何とかこれを作りたいと研究努力し、ついに直径五寸（約一五センチ）の小鉢を完成させた。これが七宝の始まりだという。

「七宝」とは仏教用語で、七つの宝を意味している。経典によって説が分かれるが、「無量寿経」では、「金・銀・瑠璃《るり》・玻璃《はり》・硨磲《しゃこ》・瑪瑙《めのう》・珊瑚《さんご》」を指している。

駅名だけでも、この「七宝」を大切に残してゆきたいものだ。

15 勝幡（しょばた）　信長が「塩畑」を変えた

津島線に「勝幡」という駅がある。これも難読駅名の一つである。「しょばた」と読む。普段はそう注目を集める駅ではないのだが、個人的に大きな関心を持って訪れた。駅から一〇分余り歩いた日光川という川のほとりに昔「勝幡城」というお城があった。この勝幡城には父織田信秀が居城しており、そこで信長は生まれたとされる。信長生誕地としては現名古屋城の二の丸にある「那古野城」説もあるが、生まれたのはたぶんこの勝幡城であったと考えていいのではないか。

この地には「信長生誕を育む会」というNPO法人があり、信長生誕をアピールするための活動を続けている。

この「勝幡」という読みにくい地名はもともと「塩畑」だったのだが、信長が縁起がよい名に変えようと「勝幡」にしたのだという。全国的に見て、当時戦国武将が命名した縁起のいい地名は現在もたくさん残されている。信長が命名した「岐阜」、伊達政宗《だてまさむね》が命名した「仙台《せんだい》」など全国に広く分布している。そのほとんどが城下町であり、戦国武将の権限の強さをよく表している。

16 津島（つしま） 対馬と関係あるのか？

名鉄津島線・尾西線

「津島駅」は津島線のターミナル駅であるとともに、尾西線の駅でもある。駅名の由来は言うまでもなく、ここが津島神社によって開かれた門前町であることによる。津島市が施行されたのは昭和二二年（一九四七）のことだが、さらにさかのぼれば、明治四年（一八七一）には「津島村」となっており、明治二二年（一八八九）には「津島町」になっている。

駅を降りてまっすぐ街並みを歩くこと一〇分余りで津島神社に着く。正面に堂々と建つのは楼門と呼ばれる門で天正一九年（一五九一）秀吉の寄進によるもの。本殿は慶長一〇年（一六〇五）清洲城主松平忠吉《ただよし》（家康四男）の病弱を憂えた妻によって寄進されたもので、いずれも国の重要文化財に指定されている。特に社殿は桃山様式を伝える格式高い建築として知られる。

御祭神は「建速須佐之男命《たけはやすさのおのみこと》」と「大穴牟遅命《おおなむちのみこと》」である。「須佐之男命」は天照大神の弟で、乱暴を働いたことによって出雲に下って八岐大蛇を退治する。「大穴牟遅命」はその子に当たり、通称「大国主命」として因幡《いなば》の白兎伝説でよく知られた神様である。

この親子の神様によって、人にふりかかる災いと疫病を除く神徳と授福の大神として庶民の信仰を集めてきた。古くから「津島牛頭天王社《つしまごずてんのうしゃ》」と呼ばれ、一般には「津島の天王さん」と愛称されてきた。

「牛頭」とは牛の頭をした鬼のことで、「馬頭《めず》」（馬の頭をした鬼）とともに、地獄で亡者をさいなむ恐ろしい役目を負っている。その牛頭にお参りすることによって、庶民にふりかかる災いを除去しようと考えたのである。津島神社は京都祇園《ぎおん》と並んでこの「牛頭天王」のいわば総本社に当たる神社で、全国に約三〇〇〇に及ぶご分霊社があるという。

さて、この「津島」という地名の由来だが、これまで定説といったものが出されているわけではない。しかし、郷土史家の研究によると、「津島」という地名が歴史上登場するのは一〇世紀以降のことで、それまでは「馬津《うまつ》」と呼ばれていたことが確認されている。

『津島歴史紀行』（黒田剛司著）には「津島」の由来について細かく書かれているが、それをまとめてみると、次のようになる。

①尾張国の海部郡には「新谷《にいや》」「中島《なかしま》」「津積《つつみ》」「志摩《しま》」「伊福《いふき》」「島田《しまだ》」「海部《あま》」「日置《ひき》」「三刀《みと》」「物忌《ものいみ》」「三宅《みやけ》」「八田《やだ》」の一二の郷があったが、その中の「津積郷」と「志摩郷」を併せた地名である。

②御祭神の須佐之男命が「対馬」に降臨された後、この地に来臨されたので「津島」という地名になった。昔は「対馬」は「津島」と書かれていた。

桃山様式を伝える津島神社の社殿

③「安濃津《あのつ》」（今の津市）から尾張まで船で漕ぎ渡る際、干潮で遠浅になったとき、島のように岸が浮かび上がる所を津島と呼んだ。

このいずれが正しいのかはわからないが、一番面白いのは②の「対馬」にちなんだ説である。かつて「対馬」の調査をしたことがあるが、やはり「対馬」は昔は「津島」と記されていた。もともとは「津」（湊）のある「島」といった程度の意味だったと考えていい。それがいつの間にか、「対馬」になったのだが、その間に「対島」の時代があったと考えられる。つまり「対の島《つい》」（二つの島）という意味である。対馬は今でも朝鮮半島から肉眼で見える近距離にあるが、朝鮮半島から見ると対馬は「二つの対を成した島」に見えたと言われる。だから「津島」が「対島」になったのである。

その「対島」がなぜ「対馬」になったのか。それはいつのまにか「島」を「馬」に書き替えられてしまったからである。このような話は地名の世界ではよくあることである。

さて、話を戻すと、この「津島」も「津馬」だったという。「対馬」と同じ論理が働いているように思える。津島神社は欽明《きんめい》天皇元年（五四〇）の創建というから、とてつもなく古い歴史を有している。朝鮮半島とのからみで対馬との関係はあったのかもしれないし、そう考えた方が歴史の深みが増すというものだ。

【7】尾西線

17 玉ノ井(たまのい)　玉依姫の霊泉

尾西線は弥富《やとみ》市の「弥富駅」と一宮市の「玉ノ井駅《たまのい》」を結ぶ路線である。この路線は途中「名鉄一宮駅」で接続する変形の路線となっている。ここにはこんな歴史が隠されていた。

もともとこの尾西線は「尾西鉄道」と呼ばれていた。尾張の西を走るということから「尾西」と名づけたのである。明治三一年（一八九八）、関西鉄道の「弥富駅」と東海道本線の「尾張一宮駅」を結ぶ路線として開業した。途中に位置する津島神社の参詣者を乗せようとする意図もあったに違いない。その後大正三年（一九一四）に「新一宮駅」と「木曽川橋駅」間が開業している。従って一宮駅をはさんで弥富方面と木曽川橋駅（玉ノ井駅）方面には時間的ギャップがあった。

昭和三四年（一九五九）九月二六日、この地域一帯は伊勢湾台風によって甚大な被害を受け、弥富駅・津島駅間が長期運休ということになり、その影響もあってか、同年一一月二五日に玉ノ井駅・木曽川港駅間は廃止となってしまった。

玉ノ井駅方面の尾西線は、木曽川橋駅が終点で、かつてはそこから徒歩やバスで木曽川対岸の「笠松駅」に接続し、そこから岐阜方面に向かう路線となっていた。だから、玉ノ井方面は岐阜を向いていたことになる。

名鉄一宮駅で思わぬことを発見した。それはこの駅から玉ノ井駅方面に向かう電車と、弥富駅方面に向かう電車が同じホームから出ていることであった。これは賢い！と感嘆した。わかりやすく説明しよう。

名鉄一宮駅には四本のホームがあるが、尾西線が利用しているのは一番ホームである。ホームは南北に置かれているが、このホームを二つに分け、北側は玉ノ井方面行

玉依姫の霊泉

き、南は弥富方面行きである。つまり、同じホームから南北両方向に電車は発車していくということになっている。二両連結の電車だからこれで十分まかなえるのだが、この発想にはまさにびっくりであった。これまでは一つのホームからは同一方向にしか電車は発車しないと考えていたのだが、それを一〇〇パーセント覆してくれた。素直に感服した。こんな考えがあるのか、と。名古屋には旧来の考えにとらわれない斬新な発想が生まれる素地があるのだろう。

しかも、同じホームから反対の方向に電車が同時に出発することが毎時二回あるという。これなどは感動ものではないか。合理性だけでなく、ユーモアも感じられる。

さて、ここで取り上げる「玉ノ井駅」の由来である。駅から北に二、三〇〇メートル行ったところに賀茂神社がある。この神社の境内に「玉の井の霊泉」なるものが昔からあるのだという。早速その井戸を見に行った。

境内の奥にその霊泉はあった。なぜ「玉の井」なのかというと、御祭神が「玉依《たまより》姫命《ひめのみこと》」であることによる。聖武天皇の皇后である光明《こうみよう》皇后が病気になられた際、この泉で平癒したことで名高くなり、その後、疫病眼病で悩む人々の参詣が絶えないという。

18 弥富（やとみ）日本一低い駅

名鉄尾西線「弥富駅」・JR関西本線「弥富駅」
近鉄名古屋線「近鉄弥富駅」

『弥富町誌』の「序」を読んで愕然《がくぜん》とした。

弥富町誌・通史編の目次をみると、本編には「原始・古代」の章が設けられていない。これはこの地域の村落形成史の特異さを示している。

中世末表面化した住民の歩みも、これを実証する資料に恵まれていない。近世に至ってようやく村づくりは活発になるが、そのころでも、南部地区の多くはまだ海面であった。

こうした諸事情を考えると、弥富町の歴史は、木曽川河口低湿地帯を干拓し、新田村をつくる苦難の道であったといえる。そうした歩みは、近代・現代にまで及んでいる。鍋田干拓地の実情はそのことを物語っている。水とのたたかいは、人々の生活史そのものであった。記憶に新しい昭和三十四年の伊勢湾台風は、記すことのできないほどの被害をこの地域の住民に与えた。

沖縄県や北海道の一部で原始・古代の歴史は書けないというのはわかるにしても、本州のど真ん中で書けないという町があるということは驚きであった。しかし、よく考えてみれば、この弥富のように干拓に干拓を重ねてきた地域では望むべくもない話なのである。

現に、「弥富駅」は近鉄とJRの両線にわたる駅になっており、さらにそこから一〇〇メートルほど先には近鉄の「近鉄弥富駅」があるが、いずれも海抜ゼロメートルで、名鉄駅の「弥富駅」は地上駅だが、海抜マイナス〇・九三メートルとなっている。日本一低い駅である。近鉄弥富駅の方がさらに低いともいわれているが、近鉄にはデータがなさそうで、その真偽は不明である。

「弥富」という地名は明治一一年（一八七八）に、八事村と中根村、名古屋新田の一部が合併したときに誕生した。由来としては「末永く繁栄するように」と願ってつけられたという瑞祥地名説と、「ヤト」（谷戸・谷当）などの低湿地帯を示す地形説とがあるが、その二つを重ねたというのが正しいだろう。

地形的にはまさに「ヤト」であるのだが、水との長い戦いを乗り越えるためにも、「弥富」という瑞祥地名を考え出したのであろう。

弥富の産業として知られるのは金魚の養殖だが、これは幕末の文久元年（一八六一）のこととされる。また三年後の元治《げんじ》元年（一八六四）には文鳥の飼育が始まっている。金魚などはまさに水の町弥富の風情を象徴しているといえる。

参考文献

『古事記』（新潮日本古典集成）
『日本書紀』（岩波文庫）
『角川日本地名大辞典23　愛知県』（角川書店）
『愛知県の地名』（日本歴史地名体系23）（平凡社）
『尾張国地名考』（東海地方史学協会）
『尾張志』（歴史図書社）
水谷盛光『名古屋の地名』（中日新聞社）
水野時二他編『なごやの町名』（名古屋市計画局）
名古屋鉄道株式会社『名古屋鉄道百年史』
斎藤典子『名鉄線歴史散歩　東部編』（鷹書房）
斎藤典子『名鉄線歴史散歩　西部編』（鷹書房）
徳田耕一『まるごと名鉄ぶらり沿線の旅』（河出書房新社）

『名古屋市史』（愛知県郷土資料刊行会）
『徳川家康の源流　安城松平一族』（安城市歴史博物館）
近藤恒次『新訂　三河国宝飯郡誌』（図書刊行会）
『豊橋市史』（豊橋市）
『吉良町誌』（愛知県幡豆郡吉良町）
『一色町誌』（一色町役場）
『愛知県幡豆郡誌』（愛知県郷土刊行会）
『新美南吉代表作集』（半田市教育委員会）
『南吉とふるさと』（半田市教育委員会）
『可児市史　第二巻　通史編』（可児市）
『明智城と明智光秀』（可児市・可児市観光協会）
『春日井市史』（春日井市）
『各務原村史』（各務原村史編纂委員会）
『羽島市地名物語』（羽島市）
黒田剛司『津島歴史紀行』（泰聖書店）

本書は、祥伝社黄金文庫のために書下ろされました。

一〇〇字書評

切り取り線

購買動機（新聞、雑誌名を記入するか、あるいは○をつけてください）

- □ (　　　　　　　　　　　　)の広告を見て
- □ (　　　　　　　　　　　　)の書評を見て
- □ 知人のすすめで　　□ タイトルに惹かれて
- □ カバーがよかったから　　□ 内容が面白そうだから
- □ 好きな作家だから　　□ 好きな分野の本だから

●最近、最も感銘を受けた作品名をお書きください

●あなたのお好きな作家名をお書きください

●その他、ご要望がありましたらお書きください

住所	〒				
氏名		職業		年齢	
新刊情報等のパソコンメール配信を 希望する・しない	Eメール	※携帯には配信できません			

あなたにお願い

この本の感想を、編集部までお寄せいただけたらありがたく存じます。今後の企画の参考にさせていただきます。Eメールでも結構です。

いただいた「一〇〇字書評」は、新聞・雑誌等に紹介させていただくことがあります。その場合はお礼として特製図書カードを差し上げます。

前ページの原稿用紙に書評をお書きの上、切り取り、左記までお送り下さい。宛先の住所は不要です。

なお、ご記入いただいたお名前、ご住所等は、書評紹介の事前了解、謝礼のお届けのためだけに利用し、そのほかの目的のために利用することはありません。

〒一〇一-八七〇一
祥伝社黄金文庫編集長　吉田浩行
☎〇三（三二六五）二〇八四
ohgon@shodensha.co.jp

祥伝社ホームページの「ブックレビュー」からも、書けるようになりました。
http://www.shodensha.co.jp/bookreview/

祥伝社黄金文庫

名古屋《なごや》「駅名《えきめい》」の謎《なぞ》　「中部《ちゅうぶ》」から日本史《にほんし》が見《み》えてくる

平成24年9月10日　初版第1刷発行
平成24年9月19日　　　　第2刷発行

著　者　谷川彰英《たにかわあきひで》

発行者　竹内和芳
発行所　祥伝社《しようでんしや》
〒101－8701
東京都千代田区神田神保町3－3
電話　03（3265）2084（編集部）
電話　03（3265）2081（販売部）
電話　03（3265）3622（業務部）
http://www.shodensha.co.jp/

印刷所　萩原印刷
製本所　ナショナル製本

Printed in Japan　© 2012, Akihide Tanikawa　ISBN978-4-396-31587-0 C0195